AF311510

LA SOLUTION

DU

PROBLÈME GOUVERNEMENTAL

PAR

M. LE DOCTEUR DELASIAUVE

PRÉJUGÉS, CHAOS, EXPÉDIENTS.
MM. THIERS ET DUFAURE. — NÉCESSITÉ
D'UN IDÉAL POLITIQUE. — MADAME DE STAEL
ET LA CONSTITUTION ANGLAISE. — M. DE BROGLIE.
MONARCHIE ET RÉPUBLIQUE. EXCELLENCE DE CETTE DER-
NIÈRE FORME; SON FONCTIONNEMENT RÉGULIER SOUS CAVAIGNAC.
AMENDEMENT GRÉVY. — PRÉSIDENCE QUADRIENNALE; VOTE PLÉBISCI-
TAIRE. — SCRUTIN DE LISTE : SON ILLOGISME ET SES DANGERS. — SUFFRAGE
A DEUX DEGRÉS. — VOTE SOUS L'EMPIRE. — SCRUTIN UNINOMINAL
PAR PETITES CIRCONSCRIPTIONS; SES AVANTAGES ABSOLUS.
MANDAT IMPÉRATIF. — ANOMALIE D'UNE SECONDE CHAMBRE.
SYSTÈME SEUL VRAI ET FÉCOND : ASSEMBLÉE UNIQUE
DE 750 MEMBRES ÉLUS PAR LE SUFFRAGE UNIVERSEL,
CHACUN DANS UNE CIRCONSCRIPTION MOYENNE
DE TROIS A QUATRE CANTONS.

PARIS

AUGUSTE GHIO, ÉDITEUR

41, QUAI DES GRANDS-AUGUSTINS, 41

—

1874

LA SOLUTION

DU

PROBLÈME GOUVERNEMENTAL

A MESSIEURS LES MEMBRES DE L'ASSEMBLÉE NATIONALE

> « ... Il convient à de certains privilégiés
> d'être reconnus pour les seuls qui puissent
> gouverner sagement la France, et de considé-
> rer le reste de la nation comme des factieux...
> ... Les institutions d'un pays, toutes les fois
> qu'elles sont au-dessous des lumières qui y
> sont répandues, tendent nécessairement à
> s'élever au même niveau. »
>
> (Mme DE STAEL, *Considérations sur la
> Révolution française*, t. III, p. 160).

I

Il y a, messieurs, plus de quarante années que je médite sur les graves problèmes de l'organisation sociale. J'ai, suivant avec anxiété, depuis cette époque, la série des événements, cherché à en déterminer la signification et à déduire de cette base un système de vraie réformation pratique, c'est-à-dire conforme à la nature des indications et à la possibilité des circonstances. A partir de 1843, où j'ai débuté par une étude approfondie de l'exercice de la médecine, de son enseignement et de l'assistance hospitalière, j'ai souvent consigné mes idées tant sur ce même sujet que sur le régime propice aux aliénés, l'éducation populaire, la mutualité et finalement sur les assises logiques d'un bon gouvernement, en particulier sur la forme et les institutions qui conviennent à la France actuelle. Remplissant cette tâche sans parti pris ni suggestion aucune d'égoïsme, je crois être arrivé à des données péremptoires, équitables, satisfaisantes pour tous, sans difficultés d'application, et qui méritent au moins d'être examinées.

Or, je ne saurais d'abord vous le dissimuler : ceux qui ont parcouru un pareil cycle doivent être comme moi profondément navrés des préoccupations qui dominent à l'Assemblée et de l'œuvre à laquelle de nombreuses commissions collaborent en votre nom. En général, quand on les creuse avec un sincère désintéressement, les questions conduisent à des solutions approximatives. D'où proviennent ces vues discordantes et ce déluge d'expédients bizarres dont sont empreintes vos délibérations? Évidemment d'une absence de méthode, partant de critérium sûr. Chacun obéit à ses préventions et épouse la dialectique du milieu où elles se fomentent. La vérité est désertée. Sous l'apparence du législateur se déguise, en tous les points, l'avocat d'une cause souvent véreuse.

Pour n'en citer qu'un exemple flagrant, M. Thiers n'a point su se soustraire à cette fatale tendance. Les 43 milliards de souscriptions sont la condamnation la plus formelle de son système de libération du territoire. Averti, il n'a pas cru, il ne croit pas à la toute-puissance de la force morale. Qui doute cependant qu'un emprunt à 5 pour 100, facultatif dans le premier mois, n'eût procuré 10 milliards avant de devenir obligatoire? Dès la mi-janvier 1872, je prédisais ce résultat dans la *Cloche*, et j'en conserve la conviction : 1500 millions de perte nous ont été gratuitement imposés.

L'illustre homme d'État ne s'est pas montré moins imprévoyant lorsque, incidemment et sans nécessité, en pleine séance, il s'est lavé les mains du suffrage universel. Quel aveu d'une coupable indifférence! Eh quoi! n'était-il pas membre de la Constituante quand, en février 1849, s'est discuté la loi électorale? De quel droit, si le problème le plus important n'a point attiré son attention, ose-t-il, à son égard, trahir de téméraires antipathies? Ce problème, M. Thiers avait le devoir de l'étudier et, y ayant failli, celui de garder une sage réserve. Il a abdiqué l'un et l'autre.

C'est avec une semblable inconscience et d'une façon aussi peu opportune que, dans une autre occasion, il manifeste sa préférence de la constitution anglaise sur le régime américain. Pauvre et dangereux artifice de tribune ! Il l'a expié par sa chute humiliante. On ne peut, du reste, voir un contre-sens plus complet. Aux États-Unis, le régime démocratique va s'épurant et grandissant avec la prospérité de la république. La constitution aristocratique des Anglais, en décadence, est destinée à une prochaine et radicale transformation. Pour penser le contraire, sur quelle base s'appuie M. Thiers? Où sont, de sa part, les témoignages d'une analyse sévère, d'un parallèle minutieux entre les deux ordres d'institutions? L'autorité, en pareille matière, ne saurait remplacer la démonstration.

M. Dufaure, malgré la texture serrée de ses discours, n'est pas plus rigoureux que son chef. Il sert assez volontiers sa manière de voir et ses illusions pour des preuves. L'un et l'autre ont présenté un projet de constitution qui n'est qu'un anachronisme. Rien de moins rationnel que le plagiat des deux chambres, qu'ils élèvent à la hauteur d'un axiome social. Leurs éliminations électorales sont particulièrement controversables. Je ne relèverai que celle relative aux vieillards et aux infirmes des hospices.

Parce qu'ils sont malheureux, doivent-ils être déshérités? Croit-il donc, M. Dufaure, qu'ils n'aient aucun légitime intérêt à défendre? C'est une grave question que celle de l'amélioration et même de la transformation du régime hospitalier. Leur est-il indifférent qu'il se généralise et se perfectionne, que les installations soient plus confortables, l'alimentation plus succulente, les soins absolument attentifs, la déférence envers eux irréprochable? Un choix qui leur garantirait ces

bienfaits serait de minime importance. Soit. N'ont-ils pas
une famille, des amis? Les priver d'un vote susceptible de
peser dans la balance, ne serait-ce pas le comble de l'injustice? En vérité, je me défie d'un esprit que n'ont pas frappé
immédiatement de telles considérations.

L'éminence du talent ne met point à l'abri de l'erreur. Si
des hommes de la trempe de MM. Thiers et Dufaure se sont
fourvoyés dans des questions qu'ils n'ont point réellement
apprises, à plus forte raison ceux en grand nombre qui s'en
rapportent à leur jugement. La plupart des députés subissent
trop volontiers cette prépotence. C'est un écueil qu'ils devraient soigneusement éviter. Sans indépendance, ni dignité,
ni concours honorable. Pour qui a l'honneur de représenter
son pays, il y a une autre mission à remplir que celle de jouer
le rôle de mouton de Panurge. Le souci du vote que peut
émettre le voisin le préoccupe moins que celui de se préparer, par un travail sérieux en toute matière grave, à déposer
le sien en connaissance de cause, à peser froidement la valeur
des argumentations, à ne point accepter légèrement des
amendements improvisés, à ne point céder bénévolement aux
impressions orales des débats.

Madame de Staël, dans un magnifique livre, a préconisé la
constitution de l'Angleterre. Est-on resté sous le prestige de
ses développements? Son petit-fils, M. de Broglie, serait surtout excusable s'il ne trahissait outrageusement la mémoire
de son aïeule par des agissements excessifs qu'elle a éloquem-
ment flétris. Mais madame de Staël écrivait en 1817. On vivait alors sous la charte octroyée. Les vices radicaux de la
constitution anglaise n'avaient point encore été mis en évidence comme ils l'ont été depuis. Enfin, après une succession
d'événements formidables, nous sommes en 1874. Si l'illustre
fille de Necker pouvait revivre, il est certain qu'appréciant
avec son génie sagace les changements survenus, elle serait la

plus avancée des républicaines. L'idéal est l'objectif des âmes supérieures !

Dans les assises à donner au fonctionnement des sociétés, cet idéal ne doit point être perdu de vue. Il indique le but, il éclaire la route, il fixe, selon les conditions, les étapes raisonnablement accessibles. Nous avons toujours procédé ainsi dans les diverses études que nous avons faites, et nous ne pouvons que nous en applaudir. Aucune obscurité ne résiste à un pareil critérium. Quel est donc le gouvernement type ? Comment ou l'atteindre, ou, sinon, en approcher dans les limites permises par l'état exact du pays ? Ces questions capitales, urgentes, nul, député de nom, ne l'est dans la légitimité du terme, s'il n'en comprend la gravité, ou si, par préjugé, parti pris intéressé, impéritie ou paresse, il est incapable de s'élever à leur hauteur.

II

En France, la monarchie, ayant sous ses diverses formes sombré cinq ou six fois, ne pourrait prétendre à y revivre qu'en prouvant sa compatibilité avec le perfectionnement graduel des institutions et des mœurs. Or elle a, sous ce rapport, contre elle les faits et la théorie. Ses flatteurs l'ont monstrueusement surfaite. L'histoire a été écrite sous son patronage. Il suffit néanmoins d'en dégager sérieusement les éléments, si souvent travestis, pour se convaincre qu'elle n'a jamais été que fatale à la nation ; qu'elle a opposé à son émancipation toutes les entraves possibles ; qu'elle a marché escortée sans cesse de la guerre étrangère et civile ; que, loin de seconder les progrès même matériels, elle s'en est généralement montrée l'adversaire, quand elle n'en a pas persécuté les promoteurs ; que sa chute misérable en 1789 provient de ce qu'elle avait accumulé ruines sur ruines par ses gaspillages. Maintenir les priviléges, les fortifier et les accroître, c'est, en effet, à quoi s'est dépensée sa puissance absolue. L'unification française, dont on lui attribue le mérite, fut avant tout opérée à son profit. Le peuple n'en bénéficia qu'en demeurant sous le double joug de la royauté et des seigneurs coalisés.

Privativement, peu de nos monarques ont été avouables. Est-ce François Ier, pour ne pas remonter plus haut? Quel règne et quels exemples! Henri II, mort jeune, hérita à la fois de son père et de sa frénésie pour les combats, et de la célèbre Diane de Poitiers, qu'il afficha publiquement. Que dire du sombre Charles IX et de Henri III avec ses mignons? Boire, battre, être vert-galant : ce triple talent, voire le fameux « Paris vaut bien une messe », pour tout autre que le bon Henri, n'eussent constitué qu'un douteux prestige. Louis XIII, livré à ses favoris, fut moins qu'un homme. Quant au grand roi, déifié par la courtisanerie, amalgame étrange de magnificence et de petitesse, de cynisme voluptueux et de bigoterie cruelle, il est singulièrement déchu de son piédestal. Les orgies de la régence n'ont été dépassées que par les impudicités de Louis XV. Excellent particulier, Louis XVI fut, de l'aveu de ses partisans, la fragilité même. Génie militaire, astuce italienne, ambition effrénée, impétuosité contre la résistance, Napoléon est cela, rien de plus. Lamartine l'a nettement défini :

> Superbe et dédaignant ce que le monde admire,
> Tu ne demandais rien au monde que l'empire ;
> Tu marchais, tout obstacle était ton ennemi,
> Ta volonté volait comme le trait rapide
> Qui va frapper le but où le regard le guide,
> Même à travers un cœur ami.

Louis XVIII, prince érudit et sceptique, se soutint couci-couci après une première chute, ses cours prévôtales et la terreur blanche. On sait ce qu'était sa charte octroyée : une pairie héréditaire remplie de la fine fleur de l'émigration; une chambre élective nommée par 25 000 censitaires à 300 francs parmi quelques milliers d'éligibles à 1000 fr. Certes un contrôle sévère était peu à craindre, et il devait l'être d'autant moins que, pour corriger les écarts du suffrage, le pouvoir s'était organisé savamment une fabrique de *marionnettes*. On compta longtemps cinq libéraux dans une assemblée de quatre cents membres. Ce nombre cependant s'accrut. Ce fut trop pour le débile successeur de Louis XVIII. Charles X, esprit étroit et dévot, brisa, sous la pression du jésuitisme, le pacte qu'il avait juré, et tomba au cri de Vive la charte !

En ramassant miraculeusement la couronne, Louis-Philippe va-t-il profiter de la leçon? Ses chances étaient belles. Sur les pas de la liberté conquise, il n'avait qu'à s'abandonner au courant. Lui aussi, hélas! avait ses vices rédhibitoires. Imbu profondément du *chacun pour soi*, enclin à l'économie, cauteleux et tenace dans ses royales prérogatives, plein de confiance dans ses combinaisons souterraines, il n'a jamais eu d'autre préoccupation que de restreindre le pays légal, de saisir toutes les occasions d'armer de plus en plus son autorité, d'enrichir sa famille et de couver sa dynastie. Le savoir l'effrayait. C'est sous l'empire de cette terreur qu'écartant les capacités de l'urne électorale, il creusait, dès 1831, l'abîme qui devait le dévorer.

Napoléon III, enfin, les concentrant en sa personne, porta à leur suprême puissance toutes les folies, tous les abus, toutes les violences du régime monarchique.

Cela se comprend. En soi, peut-être, chacun de ces personnages n'eût pas différé du commun des mortels. Mais, appartenant à l'humanité, ils en avaient les imperfections. Laissez une porte entre-bâillée à l'exploitation, l'exploitation y passera. A moins d'un phénix de vertu introuvable, il serait inouï qu'un chef superposé à tous, tenant son droit de naissance, irrévocable et irresponsable, ne pesât pas de tout l'effort de ses caprices, de ses passions, de ses affinités ou de ses haines, de ses préjugés ou de ses ignorances, sur la direction et la marche des affaires.

Sa famille participe à ses priviléges. Autour de lui se forme un cercle de préférés, qui, épiant ses penchants, s'en servent pour accaparer les faveurs. Ceux-ci ont des parents, des séides, qu'ils poussent dans toutes les positions où le crédit est nécessaire. Ainsi, de proche en proche, le pays finit par se trouver enlacé dans un réseau d'influences dominatrices qui tiennent en échec ses forces vitales. L'arbitraire, les injustices, les vexations, sont inévitables. Elles ne peuvent manquer de soulever des plaintes. Le nombre, opprimé par une faction, regimbe. On a alors la légalité; et, pour rendre efficace cette arme redoutable, quelle puissance aux mains de l'autorité royale! Un roi ne va point sans une administration compliquée, une force militaire imposante, une justice plus ou moins soumise, un enseignement maté, une police et un espionnage savamment organisés. Si quelque part, d'ailleurs, dans l'industrie, l'agriculture, les sciences ou les arts se fondent des agglomérations, la plupart, subissant l'attache officielle, contractent avec le pouvoir une solidarité nécessairement hostile aux intérêts et à l'essor des classes subordonnées.

Les rouages du gouvernement auront beau être parfaits, à moins que le monarque ne soit réduit au rôle déshonorant de soliveau (en ce cas, à quoi bon?), on verra naître, à des degrés divers, les inconvénients que nous venons de mettre en saillie. L'institution le veut, quelle qu'en soit la forme. L'effet est dans la cause.

Il y a des hommes vains, entêtés, orgueilleux, vindicatifs. Supposez un roi de ce caractère. Il fléchira devant un obstacle. Empêcherez-vous que cet obstacle ne l'irrite, qu'il ne prenne en aversion ceux qui le lui ont imposé ; que, secondé par ses familiers, il ne s'applique à le faire disparaître ? Enflammé par son désir, masquant ses menées, constamment prêt à surprendre la sentinelle endormie, il poursuivra son travail de termite, il se fera secrètement le chef d'une faction contre ses sujets et leurs soutiens. La royauté est donc virtuellement une institution funeste, doublement condamnée par la logique et l'expérience. Elle recèle dans ses flancs, mitigée ou non, l'antagonisme, la guerre civile ouverte ou latente. Comment s'est-elle établie et maintenue ? Un simple coup d'œil rétrospectif sur l'évolution des sociétés nous en instruit. Ce qui se conçoit moins, c'est que, dans un pays où ce régime dissolvant a été itérativement repoussé, il y ait des esprits assez mal inspirés pour en rêver et en préparer, *per fas et nefas*, la résurrection ! Quelle démence aussi, quelle chose contre nature pour une nation, outrageuse à sa dignité, inique vis-à-vis des supériorités qu'elle renferme, funeste à sa sécurité et à ses progrès comme à son indépendance, que cette abdication immorale en faveur d'une succession indéfinie d'inconnus nés ou à naître, qui peuvent être ineptes, pervers, et dont il est cent à parier qu'une fausse éducation exagérera les mauvais penchants !

III

La république, pour qui veut bien se servir de son bon sens pour juger, de ses yeux pour voir, se présente sous une tout autre perspective. Rien de ce qui choque dans la royauté n'offusque ici la conscience. Tout, au contraire, régulier, juste, honorable, est de nature à satisfaire aux aspirations les plus délicates. Au lieu de s'incarner dans un fétiche maître, la souveraineté appartient à la nation seule.

Elle existe en tous, et respectivement en chacun; ce qui implique, avec une égalité de droits, leur plein et libre exercice. Quoi de plus divin? C'est l'Évangile même disant : « Tous les hommes sont frères ! »

Pour remplir ce programme, il suffit d'y harmoniser les institutions, les lois et les règlements. Les mesures en vigueur jusqu'à présent n'ont eu d'autre objet que d'annuler ou de restreindre les droits des citoyens. L'organisme républicain veut être assis sur une base diamétralement opposée. Procédons de l'unité au complexe, de la commune au canton, au département, à l'État. A la commune, les citoyens majeurs élisent l'administration locale et délibèrent sur les intérêts communaux; au canton fonctionne un conseil formé soit des maires réunis, soit de mandataires choisis par les électeurs. Des membres nommés par un semblable vote dans chaque canton constituent un conseil départemental.

A ces conseils, pour des questions particulières, sont adjointes, au besoin, des délégations compétentes, ayant, selon le genre et l'importance des décisions, voix consultative ou délibérative. Enfin l'État aurait à sa tête une assemblée unique, élue dans les départements par tous les citoyens majeurs et jouissant de leurs droits civils, en proportion des populations. Sous son contrôle, et institué par elle, agirait le pouvoir exécutif, révocable et responsable. Organe du souverain, l'assemblée aurait, par cette qualité même, ses attributions délimitées. Elle devrait, pénétrée des besoins communs de ses commettants, indistinctement s'appliquer à leur donner satisfaction, sans jamais usurper ni cesser, dans la période de son mandat, de faire respecter les droits et la liberté de tous.

Au fond, les plus enragés contre la république ont une intuition de ce merveilleux fonctionnement; et comme tous les arguments leur sont bons, quand ils en sont réduits aux injures, ils invoquent — qui l'imaginerait ? — cette perfection même. La république, à les entendre, est une forme idéale, utopique, supérieure, sinon à l'humanité, au moins à notre niveau moral. Elle ne convient qu'à des anges. Tout au plus serait-elle applicable dans mille ans ! Ils n'ont point pour elle une répugnance invincible. Les conditions sont inopportunes. N'est-elle pas le pelé, auteur de tous nos maux ?

Montesquieu leur fournit une arme puissante. Il a écrit quelque part que la vertu était le fondement des républiques. Or, la vertu n'étant guère le cachet de l'époque, la république serait un gouvernement sans base. Par malheur pour cette thèse, l'assertion de Montesquieu est une quasi-hérésie. L'expression a certainement trahi sa pensée. Il eût été dans le vrai en disant : La république rend les citoyens vertueux ; et en ajoutant : La royauté les crétinise. On attendrait vainement que celle-ci préparât le terrain à celle-là par une réformation morale.

Il est bien un exemple qui chiffonne les monarchistes : c'est la prospérité suisse et américaine. Toutefois il ne leur en coûte qu'un changement de front. Les Suisses et les Américains auraient-ils la vertu par privilége ? C'est peu probable. Mais, en France, la satanée république devant nécessairement avoir tort, on se rejette sur le tempérament et le climat. Ils sont grands, nous sommes petits ; ils sont gras, nous sommes maigres ; ils sont apathiques, nous sommes fougueux. Nos têtes vont à l'évent, les leurs sont graves et réfléchies. Leur contrée est lourde et froide, la nôtre est volcanique. L'étendue du territoire n'a pas été oubliée ; on prétend que l'acclimatation de la république n'est possible que dans les petits États, comme si les États-Unis n'étaient pas un vaste empire ! Chétives raisons ! Psychologiquement, si les passions, les inclinations et les facultés diffèrent, le besoin d'égalité, d'équité, de protection, de stimulation, est de tous les pays et de tous les siècles.

On a employé des armes plus dangereusement perfides. La royauté a deux façons de se maintenir sur son piédestal : l'éloge et le bâillon. On exalte ses faits et gestes réels ou fictifs. De ses vices ou de ses ignominies on ne parle que bas; quelquefois on en pare son auréole. Par contre, dans le langage de ses séides, horreur et république, c'est tout un. Tous les excès, les violences, les misères et les désastres de la période révolutionnaire, on les lui impute. On en trace des tableaux hideux ou terrifiants. La royauté pose en victime. Elle avait ressuscité l'âge d'or dans ses quatorze siècles de splendeur. Elle seule peut le faire revivre encore.

Notre esprit crédule est aisément dupe des apparences. Les récits lugubres, dont se rient *in petto* leurs auteurs, frappent les imaginations. Beaucoup de gens sincères s'y sont laissé prendre, surtout après les épisodes sinistres de la commune. Mais la vérité ne saurait être dans ces appréciations superficielles, passionnées, instinctives. Pour la dégager du chaos des événements et attribuer à chacun sa part de responsabilité, il importe de pénétrer par l'analyse dans l'intimité des causes et des mobiles, de les dévoiler dans leurs effets, d'y reconnaître l'expression exacte de la situation, avec les indications qui en découlent. D'épaisses ténèbres nous environnent, il y va de notre salut qu'elles s'éclaircissent. Les erreurs comme les frénésies conduisent aux abîmes.

Remontons à 89. La prospérité dont on nous leurre n'était qu'un mythe. Louis XVI chancelait entre le gouffre béant du déficit et la pression des tendances émancipatrices. Aurait-on pu conjurer la lutte? L'émigration en fit un duel à mort. Dès ce moment, il n'y avait de logique pour la royauté que l'abdication spontanée ou la déchéance. En vain les bonnes volontés se prêtèrent aux transactions. Entre les vues la séparation était trop profonde ; les événements dominaient les hommes. Dans cette tourmente, ni la déclaration des droits, ni les sages lois édictées par la Législative ou la Convention ne pouvaient avoir d'efficacité immédiate.

La révolution ne fut point un gouvernement, mais un combat. En deçà des frontières, le sol envahi par une coalition formidable ; à l'intérieur, l'insurrection dans nos principales provinces ; à Paris, la conspiration audacieuse ou souterraine, et, comme éléments de défense, des centres d'action presque indépendants : tant d'obstacles rendaient impossible une marche régulière. Il fallait, pour vaincre toutes les agressions, déjouer toutes les intrigues, discipliner toutes les forces éparses, une énergie incessante et surhumaine. Elle ne faisait pas défaut. A ce cri : La patrie en danger ! on s'oubliait soi-même.

Malheureusement, les vues divergeant, chacun voulait sauver la patrie à sa manière. De là ces oppositions ardentes, ces sombres défiances, ces motions accusatrices, qui, transformant les séances, de la Convention surtout, en un pêle-mêle furieux, aboutirent à de si horribles déchirements.

En dehors de ce foyer incandescent, les acteurs du terrible drame révolutionnaire n'auraient certainement été meilleurs ni pires que d'autres citoyens. Robespierre lui-même, malgré son patriotisme soupçonneux et concentré, fut longtemps un temporisateur. On l'a chargé indûment de bien des atrocités qui étaient loin de sa pensée, et Lamartine, tout en réprouvant son système de terreur, n'a pas hésité à lui accorder la réhabilitation morale.

A tout cela, du reste, le régime républicain est étranger, sinon désintéressé. Comme l'enfant qui, issu dans les convulsions d'une couche laborieuse, en conserve une atteinte, il paye sa naissance, sans en être responsable.

La détente qui s'opéra dans les mesures excessives, après la réaction thermidorienne, eut une compensation funeste. Une sorte de doctrinarisme s'empara de la direction du mouvement. La Convention avait puisé sa force dans une unité qu'elle avait confirmée par d'heureuses modifications à la constitution et à la loi électorale. Les nouveaux chefs s'empressèrent de briser ce faisceau en constituant deux conseils et en restreignant le droit d'élection. C'était créer l'antagonisme, préparer les conflits, favoriser les intrigues. Le résultat ne se fit pas attendre.

Sous la Convention, l'ennemi avait été refoulé du territoire. Mais la guerre continuait titanique, légendaire, tenant les imaginations captives. La lutte, pendant ce temps-là, fomentée par les membres influents du Directoire, s'accentuait entre les Anciens et les Cinq-Cents. C'est à la faveur de ces divisions que Bonaparte, grâce à son prestige militaire et à ses intelligences secrètes avec les factieux, put accomplir son 18 brumaire.

Voué, en général, à l'expiation, le crime rarement a de sages inspirations. Bonaparte avait sous les yeux un exemple illustre. Un homme intelligent et honnête, comprenant la beauté du rôle de Washington, eût pris à cœur d'asseoir les destinées de son pays sur les solides fondements de la liberté. Lui n'écouta que son ambition effrénée. Parvenir au trône, forger la férule de son despotisme, corrompre ou proscrire les républicains, écraser les idéologues qui le gênaient, divertir les esprits des aspirations libérales et perpétuer leur éblouissement : telle fut l'unique préoccupation à laquelle il obéit, et qui, son génie guerrier aidant, l'entraîna, sans trêve ni merci, pour sa ruine et la nôtre, à tant d'expéditions désastreuses.

Ici encore nous demandons quels griefs on pourrait opposer à la république. A son passif, nous ne voyons que son

insuffisance contre les violences de l'étranger et les trahisons
de l'intérieur. A son actif, c'est toute autre chose. Quels changements heureux dans les assises sociales! quelles réformes
salutaires dans les lois! que de belles créations conçues,
projetées et adoptées, sinon réalisées complétement! Enseignement, assistance, institutions agricoles, industrielles et
scientifiques, établissements divers, rien n'échappe au bon
vouloir et à la sagacité des innovateurs. Tout aussi, dans
l'exécution comme dans leurs systèmes, reçoit des proportions grandioses. Ce code dont Napoléon s'est attribué le
mérite et qui mit fin au fatras de coutumes hétérogènes,
n'est-il pas une émanation des études républicaines? La paix
seule a manqué au rapide achèvement de ces œuvres fécondes. Élaborées avec maturité, elles se fussent accomplies
dans l'enthousiasme. On ne remarque pas assez d'ailleurs
que, même sous le Directoire, on jouissait largement des libertés nécessaires, et que la porte aux améliorations n'était
pas absolument fermée.

Après une longue éclipse, la république qui en soi ne
s'était signalée que par des bienfaits et ses excellentes tendances, a reparu deux fois momentanément, en 1848 et 1870.
Dans ces courts passages, s'est-elle donc montrée si cou-
pable? Les crimes dont ses ennemis la chargent ne leur ap-
partiendraient-ils pas plutôt en propre? Le gouvernement
provisoire a duré deux mois. Son respect de la liberté n'a eu
d'égales que son honnêteté et sa mansuétude. Sans doute
les monarchistes ont imité sa modération? ils l'ont, en vrais
amis de l'ordre, assisté dans sa tâche? Huit jours, hélas!
étaient à peine écoulés, leurs misérables feuilles le pour-
suivent de leurs attaques furibondes. Armées de la calomnie,
elles sèment la division et les haines, dénaturant les actes
les plus légitimes, salissant de leurs ordures ramassées dans
les égouts, les citoyens les plus recommandables.

2

Le premier fruit de ses odieuses virulences fut, dès le 16 mars, cette fameuse provocation dite des *bonnets à poils*, à laquelle répondit la manifestation populaire du lendemain.

Cet avortement ne fit qu'accroître leur insolence et leur cynisme. Le chômage devint un mot de passe. On accusa les ouvriers de le perpétuer. L'industrie avait des commandes; ils refusaient n'importe à quel prix de rentrer à leurs ateliers. Ces assertions audacieuses se produisaient surtout dans les clubs en plein vent, où une foule de racontages à l'appui étaient colportés par des agents au visage irrité, aux lèvres écumantes.

L'une des feuilles qui soufflait avec le plus d'ardeur le feu de la guerre civile conçut particulièrement une invention infernale. On venait de proclamer solennellement la république. La population, frémissante, n'avait point encore déposé ses armes. C'est un pareil moment que choisit le journaliste pour jeter en l'air l'hypothèse du vote de la monarchie par l'Assemblée et le sous-entendu interrogatif d'une dissolution éventuelle. Le scrutin allait s'ouvrir pour la députation et la garde nationale. La question de l'insurrection était ainsi posée dans les réunions électorales. L'émotion fut profonde. Les meneurs ne laissaient point d'alternative : mis en demeure, les candidats devaient, par oui ou non, déclarer si, le cas échéant, il stoléreraient le coup d'État de la majorité, ou s'ils proclameraient la résistance par la force.

Jamais excitations ne furent plus criminelles. Le pire, c'est qu'elles avaient leur retentissement au palais législatif, et qu'une foule d'énergumènes dont le nom, sans la révolution de février, serait demeuré dans l'ombre, troublaient quotidiennement les séances par leurs divagations irritantes. Chaque parti a ses impatients. Dans les conciliabules monarchiques on spécule volontiers, pour le retour de la royauté, sur les excès démagogiques. En rapprochant toutes les circonstances, il est permis de croire, sans improbabilité, que les promoteurs de la démonstration du 15 mai et du soulèvement de juin ne furent pas exclusivement des révolutionnaires fougueux. Le farouche Huber, qui, au 15 mai, prononça la déchéance de la représentation nationale, avait été, on l'a découvert depuis, un policier occulte, et, quant à juin, l'immixtion d'éléments antirépublicains y est accusée par des indices formels.

Après l'horrible bataille, les vaincus ne devaient pas être transformés en victimes. Cédant aux exigences réactionnaires, Cavaignac, dans sa répression, a eu le tort immense d'oublier, à cet égard, son serment mémorable. L'humanité, la justice, le repos de la nation, son propre intérêt, lui commandaient de s'élever au-dessus des partis. La clémence eût ajouté à sa victoire matérielle une force autrement supérieure, la victoire morale. Au demeurant, c'était un militaire instruit, énergique, loyal. Sous sa direction, sitôt la rue libre, le régime républicain reprit et conserva jusqu'à la fin son couant régulier. On ne s'en étonnera pas, d'ailleurs, si, considérant le fonctionnement, on constate la simplicité de l'organisme. Une chambre élue par le peuple, agissant en son nom et sous son contrôle, nommant, surveillant, révoquant le pouvoir exécutif, cette forme gouvernementale si naturelle, que ne l'a-t-on tout bonnement consacrée, au lieu d'édifier péniblement une constitution où, pour notre ruine, ont été introduites deux énormités : la présidence quadriennale, indépendante, prime à la conspiration, et pour le choix du président, le vote plébiscitaire, c'est-à-dire le sacrifice de vingt mille capacités hors ligne à quelque pauvreté légendaire; l'abdication du droit qu'ont les citoyens de confier leurs plus chers intérêts à des mandataires réellement méritants; enfin l'aveuglement, l'horizon de tout électeur ne pouvant s'étendre, pour être lumineux, que localement, dans une circonscription très-restreinte où l'examen sérieux des candidats, vus, entendus et respectivement appréciés, permette d'accorder la préférence à celui qui, par son savoir, sa probité, ses principes et son expérience, offre le plus de garanties certaines? Aussi, du jour où la sottise d'un scrutin décevant l'eut livrée à un prince, la république, serrée au cou, ne poussa-t-elle plus que des râles mêlés de hoquets, jusqu'à ce que, trop lente à mourir, elle fût étranglée dans une nuit.

Rappellerai-je le cataclysme d'où elle a surgi de nouveau, comme un rayon d'espoir au navire en détresse? Les faits sont présents encore à toutes les imaginations. On sait également, contre elle, les efforts impies des monarchies coalisées. Si quelque chose est stupéfiant, c'est surtout, de la part du rameau orléano-henriquiste, son horreur profonde du 4 septembre, qui l'a remis en chance. Singuliers ambitieux que ceux qui se hissèrent au pouvoir quand l'Est entier était ravagé par la soldatesque allemande, prête à fondre sur Paris à marches forcées; quand notre armée était anéantie, son chef évanoui, la régente sur la route de Bruxelles, le sénat désert, la chambre pétrifiée, et que les profits en perspective étaient un labeur surhumain, des écueils renaissants, une écrasante responsabilité, les obus et la famine!

La tâche, en effet, fut rude. Elle a duré cinq mois : serait-ce sur ce spécimen qu'il faudrait juger le mérite d'une forme gouvernementale? Insensé ou fourbe qui oserait le prétendre. Cependant, si l'on écarte ce qui appartient aux éléments perturbateurs de cette désastreuse période, il n'est pas absolument impossible de justifier, par ses œuvres et ses résultats, l'application républicaine. Nul n'a été inquiété. Le gouvernement a poussé le respect de la liberté jusqu'au scrupule. On a parlé, écrit, affiché, journalisé, on s'est réuni sans le moindre obstacle, je dirais presque sans inconvénients, si d'odieux stipendiés de l'ennemi n'eussent, à couvert de cette tolérance, employé les plus infâmes manœuvres pour diviser les citoyens, troubler les esprits et paralyser la défense. La vertu du principe ressort même significative de l'invasion de l'hôtel de ville à la fin d'octobre. Tout le monde aspirait à voir rompre le cercle de fer qui enceignait la capitale. On accusait, non sans apparence de fondement, la lenteur des opérations militaires. Allait-on périr faute d'énergie? L'idée d'une commune s'était fait jour parmi les plus exaltés, dont une rumeur anime les résolutions. Gambetta aurait dénoncé les trahisons de Bazaine. En vain Jules Favre se porte garant de la loyauté du maréchal. Du jour au lendemain, la douleur est au comble à la nouvelle de la reddition de Metz et du désastre de Châteaudun.

Malgré l'occasion, le coup de main ne réussit toutefois qu'à demi, on transige. Le gouvernement, très-perplexe au milieu de difficultés inextricables, en appelle au suffrage universel. Chacun s'interroge : un changement n'en implique-t-il pas une succession d'autres? Est-il sage de se jeter dans l'inconnu? Quelle garantie, avec de nouveaux chefs, d'un système d'action plus efficace? La réponse à ces questions se traduisit par une immense majorité en faveur du maintien de l'état de choses. Les partisans de la commune se le tinrent pour dit, et sauf, au moment de la capitulation, une fermentation sans importance, ils s'associèrent, durant les trois derniers mois du siége, à la résignation stoïque des citoyens. Un vote avait comprimé leur ardeur. Ce procédé républicain vaut bien le canon, cette *ultima ratio regum*, toujours suivi de longues représailles.

Moins que personne nous n'aimons les échauffourées qu'on reproche souvent aux pays libres. On conviendra pourtant qu'elles ont, en général, plus de gravité apparente que réelle. Ce sont accidents comparables à certaines perturbations de

la nature. Le fleuve débordé reprend son cours paisible.
Ainsi s'apaisent les fièvres populaires. L'indulgence devient
vite un besoin, et souvent les combattants, au lendemain
d'une bataille, répudient réciproquement les aberrations
qui les ont poussés les uns contre les autres. Ces crises, du
reste, tendent à disparaître à mesure que les conditions
sociales se rapprochent davantage du principe qui les a
créés ou que l'essor de ce principe est moins entravé par les
pressions extérieures. La Suisse, depuis longtemps, les États-
Unis, depuis la guerre de sécession, n'en offrent plus
d'exemples. Si l'on en constate dans les républiques du Sud,
c'est que, vraisemblablement, point qui s'impose à l'étude
et sur lequel nous insisterons tout à l'heure, leurs constitu-
tions pèchent dans quelques-unes de leurs bases.

Le mot, en effet, n'est pas la chose. Pour qu'une république
porte ses fruits, il ne suffit pas que son nom serve d'étiquette
aux actes publics. Il lui faut un cachet qui la rende viable,
la liberté nécessaire à son fonctionnement, une direction
pénétrée de son esprit et dévouée de cœur à sa gloire. Autrement, on ne saurait sans injustice, en tant que forme
gouvernementale, lui imputer les malheurs survenus sous
des régimes anormaux qui n'en ont que le masque. Notre
république récente, nul ne le niera, a cessé de fait en février 1871. Elle règne, la royauté gouverne. L'insurrection
communarde est cependant l'une des objections sur lesquelles
on se fonde pour proclamer son impossibilité.

Dans notre conviction, la commune était morte et bien
morte. Après la capitulation, elle n'avait plus de raison
d'être. Comment a-t-elle été galvanisée? Nous ne faisons le
procès à personne. Mais puisque, à ce propos, on incrimine
la république, il est naturel à ses amis de la défendre. Est-ce
sa faute, à elle, si à Bordeaux l'Assemblée, investie de la situation, s'est abandonnée à des démonstrations dynastiques,

si cette attitude agressive a continué à Versailles, si l'attaque de Montmartre a paru le prélude d'une menace imminente? L'Assemblée, dit-on, est souveraine; quelle que dût être sa résolution, on devait s'y soumettre. Soit; mais, outre qu'il n'est pas toujours prudent d'exercer certains droits, c'était étrangement méconnaître le cœur humain de croire que des groupes compacts, ayant foi au droit de la république, et qui, l'ayant proclamée le 4 septembre et vigoureusement soutenue pendant le siége, avaient juré de la sauvegarder, au péril de leur vie, accepteraient la thèse monarchique, déposeraient leurs armes et se laisseraient déposséder de l'objet de leur culte, sans subir les dernières extrémités, jusqu'à s'ensevelir sous les décombres de la capitale. Dans les grandes crises, les passions surexcitées atteignent le degré de la monomanie. Elles en ont la logique à outrance.

Animée de sentiments moins ouvertement hostiles, à plus forte raison favorables au régime républicain, l'Assemblée aurait certainement évité au pays la commune et ses horreurs. On ne s'insurge point contre sa cause. La défiance aurait été d'autant plus aisément désarmée que chacun, après les privations d'un siége de quatre mois et demi, aspirait ouvertement à recouvrer la paix du foyer domestique.

Quant à conclure du républicanisme des insurgés à la réprobation de la république, le syllogisme n'a rien de sérieux. Leur fanatisme farouche pour elle impliquerait plus naturellement une induction inverse. Que prouverait-il, sinon un hommage trop absolu aux perfections qu'ils lui supposent? Un amant se tue pour sa maîtresse dont on le sépare violemment. Grâce, beauté, intelligence, en elle se résument toutes ces qualités. La démence de son adorateur les lui ferait-il perdre? On peut être illusionné sans doute. Les royalistes ont aussi leur idéal. Lequel est meilleur? Pour nous, qu avons comparé sans parti pris ni haine préconçue, l'option ne présente aucune incertitude. L'abus suit le privilége. Durant des siècles, la monarchie s'est épanouie à son aise. On ne saurait prétendre que les rois et leurs serviteurs aient conspiré pour la renverser. Mais, marquée originairement d'un sceau fatal, elle ne pouvait produire et n'a jamais engendré que des maux, soit qu'elle ait maintenu les peuples dans l'ilotisme et la misère, ou que, par la ruse, la violence, la persécution et des légalités violatrices, elle ait entravé les progrès de leur émancipation légitime.

Les échecs successifs sont encore l'une des objections *in extremis* contre l'établissement républicain. Elle est largement réfutée par ce qui précède. Si, de plus, cette fragilité était une cause dirimante, elle serait commune à la monarchie, qui, malgré sa vétérance et ses appuis formidables au dedans et au dehors, a sombré à tant de reprises, et, depuis trois ans, n'est pas parvenue à se relever. Incarnation du juste, du beau, du divin, la république recèle, au contraire, en présence de dénigrements intéressés, une vitalité puissante. Ce qui l'atteste d'une façon victorieuse, ce sont les efforts désespérés, les agissements inouïs, le système de calomnies odieuses auxquels se condamne le trio henrico-orléano-bonapartiste, et qui mettent la France aux abois.

IV

Nous avons fait pressentir un examen auquel nul ne songe et dont le résultat nous paraît devoir répandre une souveraine lumière sur la controverse. On attribue généralement aux hommes les changements qui bouleversent les États. Ceux qui figurent sur la scène politique et ont la main dans les événements sont responsables assurément. Si le second Bonaparte eût été un Washington et que, n'écoutant que ses devoirs, il les eût scrupuleusement remplis; si, de son côté, l'Assemblée législative eût réprimé, au lieu de favoriser son ambition détestable, il est évident que la France, meurtrie aujourd'hui au plus profond de l'abîme, marquerait encore les étapes au genre humain. Ceux toutefois qui, dans ces audaces criminelles, n'apercevraient que l'effet des passions, ne découvriraient qu'un coin de la vérité et, jugeant superficiellement, s'exposeraient à de graves mécomptes.

C'est ce qui est arrivé. Dans le camp républicain on a accusé l'ignorance des masses et l'influence réactionnaire. L'arme du salut s'est transformée en un instrument de dommage. Vulgariser les lumières par une propagande active, le perfectionnement et le développement de l'instruction primaire, tel apparut le remède. Il était tard. Le royalisme, lui, ne vit là que l'anachronisme de l'utopie républicaine et l'aveuglement du suffrage universel.

Des deux parts on s'est attardé en chemin. Une vague intuition ne saurait remplacer la logique. Les plus perspicaces n'ont pas compris que certaines situations renferment des éléments fort complexes, dont une étude approfondie eût permis seule de ne rien livrer aux préjugés, aux convoitises et à de coupables agressions. Non moins que les émeutes, l'arbitraire des gouvernements, leurs entreprises liberticides, leurs usurpations violentes dénotent un état mal organisé. A défaut des ambitieux que le flot élève, d'autres pourraient, en un sens pareil ou différent, abuser d'une manière aussi nuisible. Ce vice est, en quelque sorte, complice et auxiliaire.

La présidence quadriennale, en 1848, a été le point de départ évident de nos malheurs. Doit-on s'en prendre exclusivement à l'erreur populaire et s'en autoriser pour faire le procès au suffrage universel? N'est-ce pas plutôt le législateur qui aurait été en défaut? Quels mobiles ont dirigé nos représentants? En consacrant un mode de fonctionnement qui venait de faire ses preuves, l'amendement Grévy garantissait vraisemblablement la durée d'une forme assentie désormais. Quelles raisons majeures le leur ont fait repousser? Ont-ils cédé à la clarté d'une analyse rigoureuse?

Hélas! leurs délibérations n'en offrent aucune trace. Tout bonnement la plupart ont été séduits par l'exemple des États-Unis, tandis que, pour un certain nombre d'autres, la présidence quadriennale apparaissait une image et peut-être un acheminement à la résurrection de la royauté. Nul ne s'est demandé si une institution propice à une fédération d'États indépendants dont elle est le lien inévitable serait sans danger dans un pays centralisé et militaire, où le chef tient dans sa main et peut faire servir à son ambition toutes les forces actives : administration, justice, clergé, enseignement, armée. L'assemblée se créait au moins un rival, si ce n'est un oppresseur; elle donnait une prime à la conspiration.

Aussi ai-je pu alors, dans le pressentiment des plus sinistres éventualités, commentant l'exclamation de Lamartine : *Alea jacta est!* m'écrier : « LA PRÉSIDENCE! quel don funeste nous a-t-on fait là? Par quelle aberration morale ou » par quelle coupable trahison a-t-on jeté parmi nous ce » germe anarchique?... Il dépendait de nos représentants de » clore l'ère des révolutions, ils ont brisé l'outre des tem-» pêtes. » (*Un an de révolution,* p. 112, fév. 1849.)

Pour surcroît d'imprévoyance, c'est au peuple qu'on défère l'élection présidentielle. Comment une pareille conception a-t-elle pu éclore dans une cervelle pensante? Une assemblée s'y tromperait, tant il est facile, même parmi ceux que l'on voit tous les jours à l'œuvre, de s'illusionner sur la capacité réelle et la probité foncière. Une habile mise en scène, certaine élégance de langage, déguisent souvent l'insuffisance, et, ne dissimulât-on pas des desseins secrets, la tentation pourrait en naître. Le vote plébiscitaire appliqué au choix d'un chef d'État m'a toujours paru pyramidal. Oser le proposer en plein parlement, le proclamer dans des jour naux, en faire, en tous lieux et à tous propos, le texte d'un retentissant appel, c'est outrager le sens commun, offenser la dignité publique, tenter l'avilissement des citoyens. En fait de grosses caisses, je préfère celle des Barnums et des somnambules lucides ! On peut en rire. Les autres sont pleines de catastrophes et de larmes.

Si déplorable qu'ait été en ce point la méprise des constituants, on en a commis, toutefois, antérieurement et depuis, une plus radicalement mortelle, que nous avons dénoncée d'abord, dans laquelle on s'est opiniâtré, et que malheureusement on ne veut pas reconnaître encore. Elle a plané sur tous nos désastres, et le pis est que le préjugé, la voilant, nous aveugle par cela même sur une foule de malentendus dont elle est la cause et qui continuent à nous diviser. Je parle du scrutin de liste départemental.

Le gouvernement provisoire a sagement agi en instituant le suffrage universel, sans autre condition que d'être majeur et en possession de ses droits civils. Une conséquence naturelle était de procurer à chacun la plus grande facilité raisonnable d'user du pouvoir qui lui était dévolu. Aussi les formalités pour l'inscription furent-elles réduites au strict nécessaire, relativement à l'âge, à l'identité, au domicile de la personne et aux garanties contre l'abus des votes multiples. L'intérêt étant commun, on a voulu que nul ne fût fondé à se plaindre et qu'ennobli par son nouveau rôle, le plus obscur citoyen sût allier son propre respect à celui de ses semblables : prévision non moins intelligente que méritoire. C'était, en principe, l'égalité consacrée, tout prétexte ôté à l'insurrection, la probité fructifiant dans toutes les couches sociales, l'accord fraternel, le vrai règne du Christ en perspective. Sous ce rapport, l'œuvre du gouvernement provisoire offre une empreinte d'équité et de moralisation dont le progrès civilisateur avait beaucoup à attendre. Ils ne sentent pas, ceux qui aujourd'hui s'évertuent à la mutiler, la gravité du sacrilége qu'ils accomplissent et combien leur défiance égoïste et jalouse est de nature à introduire parmi les classes de division, d'irritation et de haine.

Loin de moi la pensée d'accuser la Providence! Celui qui a dit à la femme : « Tu enfanteras dans les douleurs » ; et à l'homme : «Tu cultiveras la terre à la sueur de ton front », a ses motifs, pour nous impénétrables. Sans doute il entre dans ses desseins que chaque phase du progrès s'accompagne d'expiation, et que la pauvre humanité ne la traverse qu'au milieu d'obstacles renaissants et au prix des plus laborieux efforts. L'ère républicaine s'ouvrait trop splendide pour échapper à cette fatalité. Les voyants saluaient l'affranchissement du monde; on déclare le scrutin de liste; la merveilleuse intuition s'évanouit : un mot à tout remis en question.

Cette assertion n'est ni hasardée ni oiseuse. Pour en rendre l'exactitude palpable, il suffira de mettre en parallèle ce qui a été fait avec ce qu'on aurait dû faire. Si nous réussissons dans cette analyse, notre soin, nous en avons la confiance, n'aura pas été stérile. On gagne toujours, particulièrement dans les périodes troublées, à substituer la lumière aux ténèbres.

En soi, le suffrage universel était une conquête inestimable. D'un bond la France pénétrait dans la sphère de la civilisation définitive. Elle n'avait plus qu'à marcher placidement dans la voie progressive de ses destinées, attirant les nations sœurs dans son orbite. La seule appréhension légitime, c'était que, par des votes inconsidérés, elle ne compromît l'avénement de sa délivrance. Ici se présentaient des modes divers : suffrage à deux degrés, scrutin direct partiel ou uninominal, scrutin de liste. Des deux premiers, inégalement acceptables, le second répond plus spécialement à son objet. Mais la préférence fâcheuse accordée au troisième s'est appuyée sur des considérations qui ne soutiennent pas l'examen.

On a voulu écarter les influences de clocher. Cette raison n'était pas valable, même sous la royauté, où le vote isolé par arrondissement garantissait des choix qu'on n'eût pas obtenus aussi sincères sur une liste départementale. Trois ou quatre cents censitaires concouraient alors à l'élection. Un bon tiers se rattachait au pouvoir par la fortune, le rang ou les fonctions. Ils avaient le loisir de se voir et de s'entendre. Une forte stimulation les y poussait, tandis que ce concert rencontrait beaucoup plus d'obstacles pour les opposants, disséminés d'abord, puis retenus par leurs occupations agricoles, industrielles ou commerciales. L'unique problème, à fin de succès, consistait, pour le gouvernement, à gagner, par places, faveurs ou dons, une trentaine de consciences flottantes. Ses échecs aussi ne lui devenaient un péril que par l'irritation enfantine qu'il en concevait. Car les chances de candidatures se balançaient, à très-peu d'exceptions, entre officiels et incolores. Ajoutons que les réunions électorales étaient vaines et que les joutes oratoires se bornaient, dans une ou deux séances, devant un auditoire restreint, à quelques passes insignifiantes, la plupart des électeurs n'arrivant, des différents points de l'arrondissement, qu'au moment de l'ouverture du scrutin. Est-il assimilation possible entre un tel fonctionnement et la nomination d'un représentant dans un cercle de douze à quinze mille inscrits, au milieu d'une fièvre électorale ardente, quotidienne, prolongée?

On n'a point réfléchi, d'ailleurs, que la puissance de ces foyers d'influence locale dont on s'est forgé un épouvantail, loin d'être amoindrie, était centuplée par le scrutin de liste, à l'encontre, précisément, nous le verrons tout à l'heure, du

scrutin partiel, qui l'eût brisée. Certes, si les centres en question étaient uniques, leur rayonnement se perdrait dans l'en-
semble. Mais, dans un département, on les compte par centaines; ils se correspondent et forment de solides faisceaux.
Leur action est constante, occulte et désastreuse. Par eux
circulent le dénigrement systématique, les insinuations perfides, les théories spécieuses, les assertions calomnieuses,
les anecdotes controuvées.

Ces moyens, combinés pour miner le parti adverse, ont
comme complément l'éloge hyperbolique des candidats réactionnaires, mis habilement en relief. On les surfait, on vante
leur savoir, leurs libéralités, leur dévouement, leur crédit.
Tout est arrangé pour qu'on croie sur parole. Le moment
venu, prudemment confinés dans le sanctuaire, on se garde
bien de les laisser sortir et se fourvoyer dans des réunions
publiques qui leur seraient mortelles; au plus apparaissent-
ils discrètement dans des conciliabules à eux, avec quelques
phrases stéréotypées et le cortége de leurs belles qualités et
de leurs bonnes œuvres.

Lorsque la pensée sonde la profondeur de ce mécanisme,
on s'étonne que quelques amis du progrès, isolés et n'ayant
à leur disposition que leurs procédés honnêtes, arrivent à
contre-balancer cette formidable coalition. Les plus vigoureux
n'ont pas même la ressource de pouvoir se présenter, poi-
trine nue, dans l'arène. A bien l'envisager, les réunions électorales sont dérisoires. Quel candidat, en vingt jours, pourrait
figurer dans chaque localité, y manifester sa valeur, s'y défendre contre de ténébreuses menées? A peine glisserait-il,
ombre fugace, devant un dixième des électeurs. De toute
nécessité il a fallu recourir aux comités et aux délégations,
c'est-à-dire à une sorte de suffrage à deux degrés, moins
les garanties et la régularité que ce mode comporte.

On s'est imaginé à tort que le scrutin de liste sauvegardait les droits de l'étude et de l'intelligence. L'éclat du talent n'est pas toujours une preuve de capacité politique et sociale. On peut être un grand avocat, un poëte illustre, un savant émérite, sans avoir la moindre notion positive sur le caractère des gouvernements et la convenance des réformes. Les notoriétés elles-mêmes sont rares. Si quelques-unes servent d'enseigne, en majeure partie, les listes républicaines elles-mêmes se composent de noms connus à divers titres dans les localités, y jouant un petit rôle, assez enclins à exclure ce qui n'est pas de leur cénacle, et n'ayant souvent, en guise de connaissances spéciales, que la couleur de leur drapeau et des intentions excellentes. Concentrée dans son labeur solitaire, la supériorité réelle est, en somme, sacrifiée.

Et tout cela n'est pas le pire. Ce qu'on n'a point entrevu, ce que, malgré des avertissements réitérés, nous avons été impuissant à faire comprendre, c'est, vice capital, la guerre civile virtuellement contenue dans le scrutin de liste et découlant, ouverte ou latente, de son exercice, comme une conséquence nécessaire. Superposer les principes aux hommes a été une marotte du temps, comme si la société vivait d'abstractions. Qu'est l'outil sans l'ouvrier? Entre individus on se concilie. Les principes n'admettent point de transaction. L'antagonisme survit même à la défaite, à moins que celui qui succombe, éteint faute de raison d'être, ne trouve plus à s'alimenter dans une constitution sociale meilleure.

L'expérience ne l'a que trop prouvé. D'invincibles obstacles s'opposent à l'examen sérieux des candidatures. On s'est arrêté aux personnes qui, en vue, réunissaient le plus de chances. L'étoffe a été moins consultée que le contraste des opinions. On a nommé des combattants et rendu le combat inévitable. Presque immédiate en 1848, aussitôt renouvelée après l'application de la loi électorale de 1849, la lutte ne s'est pas plus fait attendre en 1871. Nous venons de traverser trois années d'horribles souffrances, et Dieu sait quand on en verra le terme.

V

Pour soulager les consciences et dessiner la voie, il serait au moins opportun de répandre quelques éclaircies de lumière sur cet inconnu qui nous oppresse. Les actes matériels dont les imaginations s'effrayent ont leurs causes, qu'il faut savoir envisager froidement. Qu'on nous permette une citation. Après avoir montré l'origine du soulèvement de juin :
« Couvrons d'un voile, disions-nous, ces journées funèbres,
» ces fureurs sauvages, cette intrépidité égale des deux parts et
» si tristement dépensée. Sur un drapeau était écrit : Ordre !
» sur l'autre : Droit de vivre ! deux principes sacrés. Ah !
» que n'a-t-on employé à s'entendre cette ardeur qu'on a mise
» à s'entre-détruire ! La France ne serait pas veuve de tant
» d'illustres généraux, de tant de braves soldats, de tant de gé-
» néreux citoyens tombés dans cette guerre fratricide ! Qui doit
» encourir le blâme de ces terribles désastres ? Si le peuple,
» mal conseillé par la faim, a eu tort de désespérer de la bour-
» geoisie, la bourgeoisie, dominée par les préjugés, a eu tort de
» méconnaître les sentiments du peuple. L'assemblée a péché
» par ignorance, la commission exécutive par faiblesse. Tous
» ont été en proie à un déplorable vertige. Le crime, s'il existe,
» appartient à ces scélérats qui, spéculant sur les divisions
» de la patrie, se sont appliqués à les fomenter dans l'inté-
» rêt de leur cupidité ou de leur haine. » (*Un an de révolu-*
» *tion,* p. 79, février 1849.)
Vraie alors, cette appréciation n'est pas moins applicable à nos conflits récents. Le mot de l'énigme échapperait, si l'on

ne pénétrait dans les antres infernaux où une tourbe stipendiée ourdit ses trames criminelles. Son unique souci est de
faciliter aux patrons qui la payent les moyens de pêcher en
eau trouble. Elle a pour cela, à sa dévotion, une presse
ignoble et des myriades d'agents occultes qui, s'insinuant
dans toutes les classes pour y colporter ses vilenies, y susci-
tent de vaines terreurs et de funestes animosités. Ce fléau
terrible ne nous a pas été épargné depuis le 4 septembre 1870. Combien, sous le siége, à Paris et en province,
la sinistre bande n'a-t-elle pas paralysé la défense en fomen-
tant les paniques, en dénonçant l'audace, la trahison, la
mollesse, en opposant les soldats aux mobiles, en circonve-
nant le gouvernement de la défense nationale et la délégation
de Tours ! L'Assemblée surtout, à Bordeaux et à Versailles,
n'a cessé d'être le but de ses excitations perfides. Désirs imprudents, préventions fantastiques, mesures excessives, tous
ces germes n'ont que trop prospéré dans ce sol propice. Ni
M. Thiers ni M. Dufaure n'ont su eux-mêmes se garantir de
piéges habilement tendus. Si roides à l'égard des citoyens
honnêtes qui s'interposaient, l'olivier à la main, ils rece-
vaient bénévolement les astucieux conseils de misérables qui,
à Paris, égaraient et exaspéraient la commune. Si l'on ré-
fléchit que, encouragée et non contenue, une pareille orgie
s'est graduellement accrue, on s'explique la perpétuité de
nos déchirements, le scandale des compétitions monarchiques,
et la naissance de ce gouvernement de combat destiné à dé-
concerter le jugement de l'histoire.

Toute société, néanmoins, renferme de ces êtres absolument dénués de sens moral : les uns, en qui s'incarne le
génie de la malfaisance et que poussent l'ambition, la soif
de l'or ou l'amour des splendeurs ; les autres, faméliques en
sous-ordre. A craindre toujours, ils le sont davantage si on
leur laisse la carrière libre. Le scrutin de liste a levé la

barrière qui eût pu les retenir. Il faut donc remonter à ce point de départ.

Délicate, la thèse n'est point insoluble. Quelles sont les indications? comment les remplir? Ces problèmes, les législateurs, séduits par de vagues intuitions, ne se les ont point posés. De là leur échec. Le sûr moyen d'en découvrir la réponse, c'est de creuser le sujet, en s'appuyant exclusivement sur les déductions d'une science rigoureuse. Le système émanant de cette analyse, comparé pied à pied au mode en vigueur, en fait ressortir les défectuosités.

Le droit de vote attribué aux majeurs n'est pas seulement un hommage à l'équité. Dans la préoccupation des intérêts publics se trouve la garantie précieuse d'une maturité précoce. Intelligence, moralité, expérience, marchent de pair. La société tout entière en bénéficie, et plus que les autres les classes hostiles, fécondes en fruits secs.

On embrouille à plaisir la question du nombre. En vertu de l'égalité, que les urnes électorales s'ouvrent libéralement pour tous les citoyens sans distinction, c'est bien, c'est sensé, c'est politique. Mais s'ensuit-il qu'une élection tire son autorité du chiffre des votants qui y ont participé? On l'a présumé, erreur funeste! Tant vaut l'élu, tant vaut le suffrage. L'essentiel est que celui-ci ait sa base dans la notion exacte du mérite respectif des candidats; ce qui suppose, à cet égard, la possibilité d'une étude préalable. Or, précisément, cette étude devient de plus en plus difficile à mesure que les cercles électoraux s'étendent.

Tout ce qui reluit n'est pas or, dit le proverbe. La science politique ne court point les rues. Souvent on ne la soupçonne guère où elle est, tandis qu'on en gratifie bénévolement les personnes en évidence. L'intérêt commun serait d'assurer la prééminence aux laborieux qui en ont sondé les profondeurs. Mais quelle apparence qu'ils soient recherchés par les comités, que quelques groupes songent à les y présenter ou qu'eux-mêmes se déterminent à cette démarche. Reconnût-on leurs titres, on douterait de leur ascendant sur les populations. Si, néanmoins, pénétrés à la fois et de l'importance de leurs vues et du devoir d'en poursuivre le triomphe, ils osaient affronter une campagne électorale, que d'obstacles, que de déceptions, que d'efforts stériles! A peine, dans vingt jours, pourraient-ils figurer devant un cinquième des électeurs. D'ailleurs, eussent-ils conquis une auréole, n'étant sur aucune liste, ils seraient, victimes de la discipline, désertés par ceux - même des auditeurs qui les auraient le plus admirés. Ajouterai-je l'énormité des frais, aggravée par les conditions ingrates d'une lutte sans issue? Si l'on tourne enfin ses regards sur l'agitation électorale, qu'on s'attendrait à voir bouillonnante, on remarque avec stupeur qu'elle est incolore et languissante sur tous les points. L'éducation générale aurait dû en naître rapidement. Sur le présent, sur l'avenir, il ne reste qu'incertitude, confusion, perspectives inquiétantes.

Préjudice pour le talent, souffrance pour l'État, lésion pour chacun : tout cela est loin de ce qu'il était permis de rêver. Il y a à l'Assemblée trois cents députés dont le nom n'est connu du public que par leurs votes. Si seulement un tiers de ces choix se fût porté sur des hommes spécialement doués, qui doute que les jugements autorisés de ces élus éclairés et ardents n'eussent pesé dans les délibérations, et contribué soit à l'adoption de mesures fécondes ou à l'avortement de projets funestes?

Nous ne parlerons pas longuement du suffrage à deux degrés. Vaut-il mieux que le suffrage direct? C'est controversable. Fût-il adopté, il y aurait à en régler le mode : par scrutin de liste ou uninominal. La nomination des électeurs primaires susciterait dans tout le pays, jusque dans les moindres hameaux, une effervescence salutaire. En peu de temps, les esprits, imbus des notions fondamentales, n'auraient qu'une pensée commune. L'erreur ne résiste pas à une discussion libre et désintéressée. *Ipso facto*, tant les liens de solidarité se resserreraient, les citoyens, en possession d'eux-mêmes et de leurs franchises locales, braveraient les oppresseurs et déjoueraient les conspirations. D'autre part, issus d'un pareil mouvement, au nombre de huit ou dix mille au moins, les électeurs mandataires tiendraient dans les principaux centres des assises électorales, où, sans embarras, sans frais, avec un minime déplacement, se rendraient tous ceux qui se croiraient des droits à servir la patrie. Là point de priviléges ou de patronage supérieur au mérite et aux œuvres. Les titres de chaque candidat, vu, entendu, interpellé, jugé comparativement, seraient pesés dans une balance équitable. D'avance l'intrigue se sentirait vaincue, en présence de juges sévères. Tous, obéissant à une impulsion irrésistible, ne manifesteraient d'émulation que pour déborder en sentiments honnêtes et patriotiques. Les engagements seraient faciles, exempts de sous-entendus, car ils partiraient du cœur. L'accord et la moralité seraient fondés. Est-il possible d'assimiler à cette organisation régulière et superbe les délégations actuelles si arbitraires, si informes, avec leurs listes exclusives et hostiles?

Si le suffrage à deux degrés eût été solidement constitué, nous l'avons dit dès 1848, et notre conviction ne s'est point affaiblie, jamais nous n'eussions assisté aux saturnales monarchiques dont nous avons été, dont nous sommes témoins. Le peuple eût parlé, sans y être provoqué par le ridicule appel des fantoches impériaux et royaux. On punit l'escroquerie. Leur hâblerie s'en rapproche singulièrement. Eussent-ils envie, ils n'auraient pas le pouvoir de tenir leurs promesses frelatées.

Cependant l'élection directe nous paraît préférable, plus simple, plus conforme aux principes. Étant juste que chaque bulletin compte selon l'intention de celui qui l'émet, le cas n'est pas inadmissible où tels choix de députés soient désavoués par les électeurs primaires. Des oppositions peuvent aussi, sous des influences passionnées, se former dans certaines communes, à propos de la nomination des électeurs du second degré, de manière à annuler de fait les suffrages de la minorité vaincue. De là, par surcroît, de sourdes animosités susceptibles d'y dégénérer en dissidences habituelles.

Sans contredit, ces inconvénients seraient minimes. La réflexion, la discussion, la pratique, finiraient par en atténuer la portée et amener l'entente. Toutefois, s'il existait un mode qui en fût exempt, tout en possédant des avantages égaux, sinon plus positifs encore, la sagesse ne conseillerait-elle pas de le préférer ? Ce mode, vrai, rationnel, en rapport avec son objet, nous a paru découler d'une analyse sérieuse : c'est le scrutin direct, partiel, uninominal, dans les conditions expresses que nous lui avons assignées. On verra, si par la pensée on veut bien en suivre avec nous le fonctionnement dans ses moindres détails, que son application répond aux exigences les plus rigoureuses.

VI

Bien définir la tâche de l'électeur est un premier besoin. Chacun a sa part de souveraineté inaliénable. Là où il peut l'exercer par lui-même, toute délégation est anormale. Dans les communes, les conseils municipaux sont des superfétations nuisibles. Décisions, règlemen's, tout doit être délibéré par tous, le soin de les exécuter et de maintenir l'ordre étant dévo'u seulement à des magistrats temporairement élus. Pour les intérêts du canton et du département, ce mécanisme simple n'est plus praticable. Mais, ainsi que nous l'avons fait remarquer déjà, il est aisé d'y suppléer par des conseils électifs annuels ou bisannuels, avec lesquels concourraient, dans des circonstances essentielles et importantes, des commissions spéciales.

Toute la difficulté, si c'en est une, se concentre dans la formation et l'action du gouvernement. Attentatoire au droit et à la dignité, la royauté, en principe, n'est pas soutenable. Un peuple qui la subit n'est point un peuple mûr. Deux chambres, en un état unitaire, ne peuvent que créer une complication illogique, source incessante de conflits, de lenteurs et de compromis également fâcheux. Théoriquement, il n'y a de légitime qu'une assemblée, image de la commune, et nommant, comme elle, les agents chargés d'appliquer et de faire respecter, sous son contrôle, les lois et décrets émanés de la puissance législative.

On a équivoqué sur l'étendue de cette puissance. Un axiome ne se démontre pas. L'assemblée, a-t-on dit, est souveraine. Dans le sens absolu, c'est un misérable sophisme au service de desseins pervers. Elle est souveraine, oui, mais dans, pour et par la nation. Son droit est limité par son devoir. Si l'un lui confère l'usage, l'autre lui défend l'abus. Cette souveraineté qu'elle détient, elle doit précisément s'en montrer jalouse, la garantir de toute atteinte, la remettre intacte à ceux qui la lui ont confiée, afin que, successivement, elle se perpétue, forte et respectée, dans les assemblées à venir. La mutiler chez autrui serait un crime ; s'en dépouiller soi-même, un acte de folie. Ni meurtre ni suicide, voilà ce que hautement, à toute conscience honnête, crie une distinction aussi éclatante. Laissons aux cyniques, auxquels elle appartient, cette abominable maxime : La force prime le droit.

On conçoit difficilement qu'un gouvernement si conforme

à la raison soit bafoué par ses propres représentants. Cette étrange anomalie est l'œuvre du scrutin. S'il nous eût envoyé des mandataires tous instruits, laborieux et animés du vif désir de s'épanouir avec nous dans une atmosphère libre, le pays, après une prompte cicatrisation de ses plaies, se serait relevé splendide du sein de désastres inouïs. Ces choix, qu'un système électoral vicieux ne nous a point donnés, auraient-ils eu chance de se produire sous un mode différent ? Là est le nœud de notre thèse, le point capital à éclaircir, et dont la solution, si elle était exacte, montrerait les voies du salut.

Deux indications ressortent spécialement de ce qui précède : ouvrir à toutes les candidatures un accès facile et une arène où elles se puissent mesurer à chances égales ; mettre tout électeur à portée d'entrer en communication incessante avec les candidats, de les voir, de les entendre, de les interroger, de les juger respectivement dans leur capacité, dans leurs aptitudes, dans leur expérience, dans leur moralité, et de se déterminer en pleine connaissance de cause. On a jusqu'ici voté aveuglément. Si l'on veut désormais une élection sincère, il faut, harmonisant la tâche aux forces, envisager ce que peuvent les candidats et leurs électeurs.

Chacun, rivé à des obligations, se meut dans une étroite sphère ; des déplacements lointains et réitérés lui sont interdits. Il n'est non plus loisible à personne de se livrer à une enquête sérieuse sur de nombreux compétiteurs. Ceux-ci, à leur tour, eussent-ils les poumons d'Hercule et les jarrets d'Atalante, ne suffiraient pas à une lutte répartie sur un champ étendu. Il y a donc lieu d'en circonscrire le terrain dans des limites sagement calculées.

Cette circonscription, si décisive, s'impose au seuil de toute réforme électorale. Bien ou mal établie, elle recèle l'ordre ou les bouleversements, la paix ou la guerre, la prospérité ou la ruine. C'est à quoi ne sauraient trop réfléchir ceux que n'égarent pas absolument d'incurables préjugés. Un seul député à élire entre trois ou quatre cantons, selon leur importance : tel est pour nous le système exclusivement raisonnable. Le rôle des électeurs, ne l'oublions pas, se réduit à nommer des représentants. Non, certes, qu'en conférant leur droit ils le perdent. Il serait absurde de le prétendre. Ce droit ne constitue pour les mandataires qu'un devoir exprès, celui de gouverner eux-mêmes avec des agents subordonnés. La charge implique le contrat. Toute abdication, tout effort pour en altérer le principe serait, de leur part, une forfaiture. Un appel au peuple en ce sens ajouterait le crime à la dérision. On ne saurait, sans indignité, le pousser au suicide, en le contraignant à approuver des propositions contre nature, hors de sa portée et de sa compétence.

Ces raisons sont l'évidence même. On les a toujours méconnues. Séculairement opprimée, l'humanité ne sortira de sa douloureuse étreinte qu'en s'éclairant de leur flambeau. En France, le terrain serait merveilleusement préparé. La nation est souveraine de droit et de fait. L'égalité règne, la liberté religieuse existe virtuellement, les esprits, en général, inclinent vers les idées généreuses et conciliatrices. Plus l'abaissement est profond, plus l'on éprouve le besoin du relèvement par l'éducation, la concorde, le travail, la solidarité et le développement de toutes les sources de richesses scientifiques, agricoles, industrielles, artistiques et commerciales. L'aveugle queue des monarchistes fait seule échec à un essor salutaire qui n'eût demandé qu'à naître ; car, dans nos dissentiments que fomente le vertige, il y a plus de malentendus que de griefs réels.

Objectera-t-on la diversité des partis ? Le pays n'en reconnaît qu'un : le sien, celui des gens sensés, des hommes véritablement honnêtes, respectant les droits, rigoureusement impartiaux, et poursuivant le bien sans acception de personnes. L'essentiel serait qu'il sût les discerner toujours, et qu'il choisît parmi eux ses mandataires. Qui doute qu'une chambre ainsi élue n'assurât le bonheur public par un gouvernement régulier?

Tout le problème gît là. Malheureusement, l'erreur est à craindre. Montrons comment on peut l'éviter. D'abord, pour condition expresse, nous avons indiqué la particularisation des colléges. Elle s'appuie sur des considérations multiples et majeures. Les électeurs ont, individuellement, une sphère d'appréciation très-limitée. Si leur tâche s'étend et se complique, elle a d'autant moins de chances d'être convenablement remplie. Deux nominations, impliquant le doublement du cercle électoral, rendraient l'examen insuffisant, le jugement incertain, le résultat souvent fautif. Ces inconvénients se décupleraient avec des groupements plus élevés. Il y aurait aussi une grave atteinte au droit des candidatures. Une foule de compétiteurs, non souvent les moins capables, déserteraient, faute de loisir, d'argent ou de position, une lutte onéreuse et inégale. L'électeur dès lors resterait, comme aujourd'hui, contraint d'opter pour une liste renfermant strictement le chiffre des députés à élire.

Mais si l'analyse milite en faveur du scrutin uninominal, la répartition des circonscriptions ressortissant à chaque collége n'est pas d'une moindre importance. Car, en donnant aux électeurs la faculté d'une édification complète, et aux candidats la garantie d'un jury impartial, elle détermine du même coup le nombre des membres devant composer l'assemblée. Rien ici ne doit être livré à l'arbitraire. On nous oppose souvent le vote unitaire de l'empire, comparable, en effet, par le mode, mais très-antipode par les conditions de son exercice. S'étant emparé violemment du pouvoir et préoccupé d'affermir son despotisme, Bonaparte, en grec consommé, avait su mettre les atouts dans son jeu. Indépendamment de son sénat taré, gagé, avili, et .d'un conseil d'État composé de ses plus dangereux acolytes, il s'était d'avance assuré un corps législatif esclave par une combinaison perfide et l'étouffement de toute vie électorale.

Nul n'a sondé dans ses profondeurs le mystère de son astuce. Peut-être le héros du guet-apens eût-il eu la pensée de faire renommer tout simplement une assemblée nouvelle. Le scrutin de liste, que ses auteurs ont cru populaire, est essentiellement favorable à l'aristocratie. Il l'a senti, et, non sans fondement, il a craint de se trouver immédiatement à la merci de la faction clérico-monarchique. L'éparpillement du suffrage dans 750 à 800 centres lui créait un autre danger, celui d'avoir à compter avec une foule d'élus éclairés et indépendants, dont la capacité, aisément reconnue, eût défié une rivalité médiocre. Son premier soin fut donc, mutilant des deux tiers la représentation nationale, de la restreindre au chiffre insignifiant de 260 membres. De là ces fameuses circonscriptions découpables à sa discrétion. Tout, dans cette organisation traîtreusement savante, était pour lui bénéfice. En restreignant le champ d'action du cléricalisme et de la noblesse, il se débarrassait de son influence menaçante. La suppression du scrutin de liste n'eut pas d'autre objet. Ceux qui y ont vu une hostilité contre le peuple se sont ostensiblement trompés. A la faveur de certaines coalitions, telles qu'il s'en est formé sous l'empire, le parti libéral eût pu sans doute conquérir quelques nominations; mais la mesure destinée à mater la démocratie fut surtout la réduction scandaleuse du nombre des représentants. Parmi les gens peu scrupuleux qui s'étaient ralliés à son crime, Bonaparte pouvait à la rigueur recruter une somme de candidats demi-sortables, qui n'eussent point suffi pour une proportion infiniment supérieure de siéges électoraux.

Toutes les forces du pays étaient dans sa main : administration, sénat, conseil d'État, magistrature civile et judiciaire, clergé et corps enseignants. Le suffrage universel, arrangé à sa façon, lui inféodait par surcroît le corps législatif. Toute compétition était par avance frappée de stérilité. Dans l'étroit intervalle consacré aux préludes de l'élection, sur un périmètre étendu, où des embûches se dévoilaient à chaque pas, l'agitation électorale était nulle. Il n'arrivait aux citoyens que de pâles rayons. Les candidats ne se faisaient jour auprès d'eux que çà et là, dans des réunions odieusement entravées. Les dépenses en circulaires et en affiches étaient considérables. En butte aux vexations de toute sorte, à l'injure, à la calomnie, il fallait à ceux qui osaient affronter une telle entreprise un dévouement rare. La plupart n'en prenaient point l'initiative. C'était la position qui désignait le martyr. En acceptant le rôle de bouche-trou, on obéissait à une convenance. C'était un grand honneur pour l'opposition quand, très-exceptionnellement, elle balançait les chances. Dans beaucoup de circonscriptions, l'échec était si certain, que souvent les patronnés du pouvoir n'avaient pas même d'adversaires.

Le gouvernement était l'unique, le grand, l'éternel électeur. Du premier de l'an à la Saint-Sylvestre, sa propagande n'avait pas d'interruption. Prônés, colportés, surfaits, les candidats qu'il adoptait étaient de tous les écots, de toutes les commissions, de tous les conseils. A défaut d'occasion de se produire utilement, on leur en faisait naître. Les libéralités se distribuaient par leur intermédiaire. On embrigadait à leur profit les agents de tous les ordres et de tous les degrés. Je ne parle pas des manœuvres de la dernière heure : mensonges de la presse vénale, nouvelles fausses, complots fantastiques, promesses fallacieuses, pots-de-vin, argent répandu, escamotages de votes, urnes violées ou à double fond, etc. Ce qui prouve chez Bonaparte la prétention de n'avoir que des valets à la chambre, c'est le cynisme avec lequel sa personnalité s'affichait dans les élections. Ses candidats n'étaient que ses prête-noms. Leur cause était la sienne. Il ne tolérait pas les candidatures officieuses à côté des candidatures officielles. Ses plus chauds partisans n'avaient pas la permission d'ambitionner le mandat électoral. L'éligible, l'élu, c'était lui, lui exclusivement, triomphant ou vaincu. Tout émule adverse se constituait, *ipso facto*, son ennemi. Ainsi s'effaçait la dignité en France et s'y développaient les germes de la démoralisation et de l'antagonisme. Protéger indistinctement chacun dans ses droits, travailler à l'union des citoyens, tel est le devoir de tout chef d'État. Il s'imposait plus étroit à celui qui avait à se faire pardonner sa triste origine. Napoléon III ne sut, persévérant dans des errements diaboliques, que comprimer la nation, la scinder en deux camps, et, mettant aux prises les passions, y perpétuer la guerre intestine avant de nous lancer dans la plus exécrable des guerres étrangères.

Les lauriers de cet effréné empêcheraient-ils certaines gens de dormir? Se flatterait-on, usant avec plus d'habileté des procédés que lui ont valu le succès, d'échapper à la légitime expiation que la Providence ménage aux grands criminels? L'homme de bien résiste à la séduction de semblables perspectives. Ami scrupuleux du beau, du bon, du juste, il n'imagine pas qu'on puisse fonder sur l'iniquité et la fraude des institutions utiles et durables. En tout cas, le petit point de ressemblance du suffrage de l'empire avec le nôtre n'autorise nullement, en présence de différences fondamentales, à arguer de leur identité. Loin de là, les vices du scrutin impérial eussent été atténués par l'unicité des nominations, ainsi qu'on a pu s'en convaincre en 1849, à Paris et dans plusieurs départements où, à la faveur d'un peu de liberté électorale, l'empire a éprouvé toutes les amertumes de la défaite.

Nous n'admettons, quant à nous, ni limitations captieuses, ni restrictions déloyales, ni pression illégitime, ni lâche intimidation, ni manœuvres déshonorantes. A chacun son droit, et, pour l'exercice du vote, les plus larges facilités. Le libre épanouissement des candidatures, la complète édification des électeurs, aucune autre préoccupation ne nous a guidé dans la détermination de nos cercles électoraux. Trois ou quatre cantons, selon leur population, fournissent une moyenne de douze mille électeurs. Cette base, pour une élection sincère, nous a paru un maximum rationnel au delà duquel, c'est-à-dire dans des circonscriptions plus vastes, seraient compromises les garanties de lumière, de vérité et d'indépendance que nous venons d'énoncer.

Le nombre des députés différerait peu de ce qu'il fut à l'Assemblée législative. de ce qu'il est maintenant (700 à 750 environ). On médite de l'écourter considérablement. Le premier M. Thiers en a conçu l'idée. Nous nous garderons de l'en féliciter. Sa chambre haute n'est pas moins suspecte. Ces deux projets, flanqués, par surcroît, de l'épuration du suffrage universel, constitueraient, à notre sens, s'ils étaient adoptés, l'atteinte la plus grave à la souveraineté nationale. Également dangereux et inopportuns, on ne sait ce qu'ils attestent le plus, de l'ignorance, de l'irréflexion ou des passions mauvaises. Leurs auteurs seraient fort embarrassés d'en prévoir les conséquences. Qu'attendre, sinon des catastrophes, d'une pondération fictive qui ne subsisterait pas un an sans l'appui exécré du militarisme et du cléricalisme? La perfection concorde, au contraire, avec la simplicité, dans le jeu régulier et fécond d'une représentation issue, au milieu de centres suffisamment restreints, d'une appréciation mûrie.

Insisterons-nous sur la période électorale? Nous voudrions

que, légalement, pour des opérations si importantes, elle se prolongeât durant un mois. En fait, toutefois, avantage inestimable, elle serait à peu près permanente. Il n'est citoyen marquant à quelque titre dont la réputation ne rayonne dans la sphère où il se rattache par sa demeure, son origine ou ses relations. Parmi ceux que leur vocation ou leur zèle induisent à se préoccuper des questions sociales, beaucoup, indubitablement, seraient stimulés par la perspective d'une candidature accessible. Sur tous les points du territoire surgiraient des ouvriers de la sainte cause. C'est à qui s'évertuerait à entretenir des communications suivies avec son groupe de population. Réunions, cours, conférences, écrits, concours aux innovations utiles, aucun moyen ne serait négligé. Longtemps avant les élections, l'opinion serait déjà faite sur la plupart des compétiteurs, sur leurs antécédents, leurs principes, leurs travaux, leur valeur morale. Au moment décisif, la lutte entre eux n'en deviendrait que plus intéressante. La proximité des distances leur permettant de se présenter à plusieurs reprises même dans les principaux villages, les réunions se multiplieraient, et chacun s'empresserait d'y assister. Au dehors, les impressions recueillies se traduisant entre voisins et au sein des familles, y serviraient de texte à des commentaires qui achèveraient de porter la lumière dans les consciences. L'impartiale protection accordée aux éligibles aurait pour pendant, chez les électeurs, l'émission voulue et indépendante du suffrage.

Parfois une majorité éclatante consacrerait une supériorité incontestée. Le plus souvent, entre plusieurs candidats, des mérites approximativement égaux motiveraient une hésitation légitime. Mais, dans les deux cas, circonstance très-grandement à considérer, les préférences, moins politiques que personnelles, ne tiendraient plus comme aujourd'hui à des désaccords radicaux. L'élu des uns serait l'élu des au-

tres, qui, inévitablement, l'ayant balancé avec ses émules, à
leur défaut, ne lui eussent pas refusé leur confiance. Le frot-
tement immédiat et réitéré des citoyens ne manquerait pas,
en effet, d'amener partout une entente absolue sur le terrain
commun. Ce n'est pas à une masse étrangère aux préjugés
et éclose à la vie sociale qu'on persuaderait d'abdiquer un
droit souverain, de renoncer au suffrage universel, de perdre
sa liberté de conscience ou de réunion, et d'accepter bénévolement les lisières des prétendues classes dirigeantes. Le
mot monarchie ferait bientôt sourire, et quiconque oserait
déployer les enseignes royalistes n'obtiendrait pas cinq voix
sur cent. La république serait acclamée par tous avec ses
conditions inéluctables et son immortelle devise : *Liberté,
Égalité, Fraternité;* chacun, sur les institutions d'ordre se-
condaire, se bornant à produire le tribut de ses élucubra-
tions spéciales.

Aucun des modes électoraux usités jusqu'à présent ne sou-
tiendrait le parallèle avec le suffrage par petites circonscriptions. Exempt de leurs inconvénients, il recèle, indépendamment de son application directe et de l'excellence des
choix, de nombreux et féconds avantages. On voit disparaître
d'abord les interventions équivoques. Comités, délégations,
ces rouages, indispensables en ce moment, dont on ne saurait savoir trop de gré aux organisateurs, mais qui n'en
sont pas moins usurpateurs et tyranniques, feraient place à
des réunions générales où l'unique rôle des promoteurs
consisterait à favoriser de la manière la plus complète le contact entre électeurs et candidats. Une plaie affreuse serait
ainsi supprimée avec ses dépendances. Incarnation des par-
ties, les comités représentent des forces hostiles qui, en con-
flit permanent, sourd ou ostensible, s'entre-choquent parfois
dans de véritables batailles. L'un des merveilleux effets du
suffrage par petites circonscriptions serait de saper ces divi-

sions par la racine ; ou plutôt, henriquinquistes, orléanistes et bonapartistes étant désormais sans raison d'être, il n'y aurait plus qu'un seul grand parti, celui de la nation, identifié avec la république.

Dans leur entremise bien insuffisante, les comités démocratiques agissent du moins loyalement et logiquement. Pour leurs délégations comme pour toute réunion préparatoire, ils convoquent sans distinction tous les électeurs. Les comités monarchiques préfèrent l'ombre des conciliabules et les pratiques souterraines. Devant la généralisation des initiatives locales, la formation des premiers deviendrait superflue. Les seconds sentiraient le sol se dérober sous leurs pas dès que, pour leurs candidats, il y aurait obligation de se montrer ce qu'ils sont, dans une lutte corps à corps. Ils perdraient, d'ailleurs, leurs étais les plus efficaces. Les traits envenimés de leur presse à gages tomberaient émoussés loin du but. La coalition si formidable de la noblesse, du clergé et de la haute bourgeoisie se dissoudrait dans l'impuissance. A cette heure, le vote des prêtres et de leurs adhérents est dans la main des évêques, qui commandent et sont obéis au nom de la discipline. Cette pression immorale essayât-elle de s'exercer encore, les curés eux-mêmes tendraient à s'en affranchir. Le jeu de rouge ou blanc offre un dilemme catégorique. Dans des élections disputées inévitablement par huit ou dix compétiteurs, lequel jouirait du patronage ? Les ecclésiastiques ont du discernement, après tout. Mêlés aux réunions, ils voudraient, eux aussi, voir et juger. La gravité des questions, la manière de les envisager, l'éclat du talent, le charme de l'éloquence, la manifestation de sentiments généreux, ne les laisseraient pas indifférents. Se rapprochant des orateurs, heureux de les féliciter, ils s'honoreraient de leur serrer la main. Pense-t-on que le mot d'ordre épiscopal prévalût contre leurs impressions et leurs sympathies ? Le suivissent-ils, ils se heurteraient à des convictions faites.

L'ardeur dans la poursuite du mandat électoral présagerait, de son côté, un mouvement progressif immense dont ceux-là seuls peuvent entrevoir l'étendue qui, dans cette noble émulation, devinent autre chose qu'une ambition vaine. Supposez dans un département dix députés à élire. Qu'on se figure une centaine d'apôtres surgissant du sein des cantons, animés par une vocation enthousiaste, et labourant le sol de la première à la dernière heure. La bienséance leur commande le respect; leurs armes sont courtoises. Tracer, chacun comme il le comprend, le programme du présent et de l'avenir, tel est leur unique souci. Quel contraste avec ces vingt candidats sans relief, porte-drapeau d'une guerre civile acharnée, affichant dans de mornes appels des principes et des espérances diamétralement contraires! Ici point d'issue; la perpétuité des fureurs et des larmes. Là, instantanément dévoilées, les perspectives éblouissantes du salut commun, de la concorde universelle, de la civilisation définitive.

Ainsi engagé dans sa voie, le pays s'y affermirait. Cette phalange d'ouvriers actifs irait grandissant et se fortifiant, prête à prendre ou à seconder toutes les initiatives généreuses. Elle fournirait aux conseils électifs, aux commissions et aux délégations d'excellentes recrues. L'assemblée nationale elle-même trouverait, dans les relations intimes de ses membres avec les électeurs, un concours précieux pour ses projets et ses discussions.

Celle-ci, du reste, grâce à la communauté des principes et à l'harmonie des sentiments, serait exempte de ces graves collisions dont les corps délibérants ont trop souvent donné le triste exemple. Droite, gauche, centres, majorité, minorité, ces divisions réprouvées par le bon sens en seraient naturellement bannies. Au lieu de coalitions permanentes, ces tyrannies des volontés, il n'y aurait plus que des votes libres et variables sur des questions particulières. Ce résultat se produirait d'autant plus sûrement que chaque député, ne relevant que des électeurs et s'appartenant à lui-même, posséderait dans l'assemblée, à la différence de ce qui existe, la plénitude de son indépendance. Mandataires de la nation, chargés d'assurer nos libertés, d'opérer la pacification, de féconder le progrès civilisateur, n'est-il pas navrant de les voir, désertant ce grand devoir social, s'inféoder à de misérables fétiches, s'en constituer les bruyants avocats, forger des armes au despotisme, à peine d'en être écrasés, amener à capitulation, par toutes sortes de séductions, les consciences incertaines, et, finalement, soulever, au sein de la représentation nationale, des perturbations dont le retentissement s'étend à la France entière ? Beaucoup se proclament orgueilleusement nos maîtres. Cette orgie cesserait du jour où, interdisant jusqu'à l'ombre d'une velléité usurpatrice, le mode électoral les réduirait au rôle de serviteurs honnêtes. Sentant le frein de la population, ils dirigeraient leurs pensées vers les réformes et les améliorations sociales, si en dehors de leurs habitudes. Les plus enragés réactionnaires emboîteraient le pas aux meilleurs de leurs collègues patriotes, et tels vont à Frohsdorf, à Chislehurst ou à Chantilly, humilier leur dignité de citoyens, qui ne se montreraient pas les derniers à entonner les louanges du régime républicain. J'ose de nouveau l'affirmer, et pour moi c'est une preuve absolue de son excellence, si le scrutin uninominal avait été adopté en 1871, eût-il amené les mêmes éléments à l'Assemblée, aucun de ses membres ne se fût avisé de réclamer le pacte de Bordeaux, ni d'arborer les couleurs monarchiques. Le doigt aux lèvres, se serait dressé devant eux le spectre de leurs électeurs.

On a fait beaucoup de bruit du mandat impératif. Pour légitime, nul ne le nierait. C'est bien le moins que, sur les principes fondamentaux, celui qui vote sache en qui il place sa confiance. On conçoit que cette épreuve ne soit pas du goût des ambitieux qui ont à déguiser de perfides desseins. Elle ne saurait épouvanter l'homme sincère qui, ayant des intentions loyales et des idées arrêtées, est toujours prêt à déclarer simplement, nettement, sans arrière-pensée, ce qu'il veut, ce qu'il croit pouvoir. La difficulté gît dans la sanction, illusoire avec le scrutin de liste. Des moyens de garantie ont été proposés. Tous sont extrêmes, impraticables, inefficaces. Or, précisément, le suffrage uninominal satisfait à ce besoin par le fait seul de son exercice. S'il est aisé d'abuser les citoyens naïfs par des circulaires vaguement captieuses, le prisme des positions et les assertions audacieuses de meneurs sans scrupule, l'aspect changerait dès que chaque candidat serait obligé de soumettre aux clartés d'une controverse ardente et publique les phases de sa vie entière, de fournir sur ses faits et gestes, sur ses idées et ses plans, des explications catégoriques, de présenter des gages formels de savoir, d'expérience, de dévouement et de probité. Éluder alors n'entrerait pas même dans la pensée. Un rappel de l'opinion sur ses gardes préviendrait d'ailleurs toute dérogation tant soit peu significative.

VII

Des objections supérieures plus que fondées ont été faites. Nous avons réfuté par anticipation celle relative aux influences locales, dont la force réside uniquement dans les préventions qu'elles ont suscitées. Ces influences sont nulles ou si limitées que le candidat qui, dans un cercle de dix à douze mille électeurs, n'aurait que cet appui, serait brisé au premier choc. Plus le terrain de la lutte se resserre, plus la valeur personnelle est *nécessaire* : la comparaison tue les médiocrités. A l'inverse, au contraire, à mesure qu'elles rayonnent loin de leur foyer, ces débiles auréoles, grandies par l'imagination, prennent des proportions analogues à la distance des perspectives. Tel riche seigneur qui ne serait aux yeux de son étroite circonscription électorale qu'un pauvre hobereau, se transforme, inscrit sur une liste départementale, en personnage éminent. Il aide et on l'aide. Son crédit décuple, renforcé, ainsi que nous l'avons dit, de celui des noms accollés au sien.

La corruption par dons, promesses, orgies et argent semé est encore un de ces arguments lancés en l'air par l'irréflexion. Sous l'empire, elle se pratiquait sur une large échelle, l'ayant pour agent ou complice, au milieu des ténèbres asphyxiantes de la vie électorale. Le scrutin de liste l'eût rendue plus facile dans les mêmes conditions. Elle ne braverait pas impunément le jour des réunions publiques, où, en général, les habiletés équivoques inspirent autant de répulsion que la franchise excite d'enthousiasme. La ruse se prendrait inévitablement à son propre piége.

Mais la plus étrange illusion concerne les capacités (1). On s'est si bien figuré, en instituant le scrutin de liste, assurer leur triomphe que volontiers on eût proposé de faire nommer chaque député par la France entière. Cette exagération sanctionnait d'avance tous les plébiscites possibles, c'est-à-dire le plus monstrueux de tous les modes de voter. Toute la légende napoléonienne, qui semblait condamnée à l'ombre, est sortie du scrutin de liste. Là fut le commence-

(1) Dans un feuilleton de l'*Opinion nationale*, intitulé *les Guêpes* (18 avril 1869), Alphonse Karr indique, par son propre exemple, l'illusion radicale du scrutin de liste. En 1848, candidat pour la députation dans la Seine-Inférieure, il obtient une forte majorité dans l'arrondissement du Havre, où il avait pu fréquenter les réunions électorales. Ailleurs, où il n'avait point pénétré, il n'eut qu'un nombre de voix insignifiant à ce point qu'à une élection ultérieure, il déclina toute canditature.

mcnt de nos malheurs, comblés bientôt par la funeste institution de la présidence quadriennale indépendante, et l'élection plébiscitaire du sinistre 10 décembre.

Louis Bonaparte n'était, par son nom, que le pâle reflet
d'une idole. Au moindre contact des électeurs, le fantôme
se fût évanoui. Où sont les illustrations qui lui disputèrent
le succès? Lamartine, Thiers, Victor Hugo, pour ne parler
que de ces exceptions, n'auraient certes pas obtenu les suffrages de Ledru-Rollin. Nul d'entre eux n'osa s'aventurer
dans la lice. Quelques-uns même oublièrent assez le pays et
le respect de leurs propres antécédents pour faire la courte
échelle au conspirateur monomane.

Tandis que le flot aveugle poussait les Napoléons à la Constituante, M. Thiers, après son échec en avril, n'y entrait en
juin, à une majorité relative honteuse, qu'en s'enrôlant sous
la bannière du jésuitisme. Ce contraste est tout un enseignement. Par les répressions de la rue Transnonain, les lois
dites de septembre, les fortifications-bastilles et de molles
condescendances à la famille royale, M. Thiers était resté
fort impopulaire. Cependant sa demi-opposition des dernières années l'avait quelque peu réhabilité. Loin d'être im-
pliqué dans la chute de la dynastie, on pouvait croire que,
redevenu ministre à temps, il l'eût conjurée. Février, d'ailleurs, brisant ses attaches, le laissait maître de suivre le
mouvement et de reprendre ses voies révolutionnaires. Si
alors la France eût été partagée en 900 colléges, nul doute
qu'acceptant la situation et engageant la lutte dans l'une des
circonscriptions, fût-ce au cœur de Paris, M. Thiers, avec
le prisme de ses connaissances, son expérience consommée
et les ressources infinies de son talent oratoire, n'eût rem-
porté un triomphe honorable. Pour lui faire échec, il eût
fallu, du moins, un émule digne de lui. Mais, en ce cas, un
vide eût apparu dans les rangs de l'Assemblée. L'opinion

n'est pas ingrate pour les gloires du pays. On souffre à la fois de leurs écarts et de leurs humiliations. Un courant de sympathie se fût immédiatement manifesté en faveur du compétiteur vaincu, et, pour la plus prochaine vacance, sa candidature aurait été acclamée sans rivale.

Quel sujet de comparaison frappant ! Il y a là plus que justice rendue au talent. Quel hommage et quel encouragement à la moralité ! M. Thiers prend la fièvre dans les réunions électorales ; il y découvre des horizons insolites qui l'attirent. De son insuccès, dont on le console, il ne ressent qu'un besoin, celui de mieux approfondir les grands problèmes sociaux qu'il avait trop dédaignés ; son sentiment patriotique se fût accentué. La république n'eût plus été seulement, pour lui, la *forme qui nous divise le moins.* Il eût compris sa beauté, sa légitimité exclusive, son opportunité absolue. Eh ! qui sait — tant une bonne cause donne de force à ses défenseurs ! — les bienfaits que son concours puissant eût assurés à la république et les maux surtout qu'il lui aurait évités ? Hélas ! pour notre perte, son action s'est exercée dans un sens contraire. Irrité plutôt qu'éclairé par sa déconvenue, faisant du même coup litière de sa haute valeur et de son voltairianisme, il s'est jeté dans les bras de ses anciens adversaires ; la rue de Poitiers l'a compté parmi ses agents les plus actifs, et, à l'Assemblée, il s'est constitué l'âme des plus déplorables combinaisons. « L'empire est fait », s'est-il écrié un jour, sans se demander la part prise par lui à cette édification. Entre les modes électoraux, on voit ici la différence saillante. Qu'eût exigé de M. Thiers le vote uninominal ? En l'honorant, qu'il s'honorât lui-même par sa fière indépendance, une noble application de ses hautes facultés et des aspirations généreuses. Le scrutin de liste, en l'asservissant aux misères d'une faction, en a fait une personnalité amoindrie, brouillonne, dangereuse.

Ce serait, de la part de M. Thiers, une grave erreur de croire que, soit en 1848, 1849 ou 1871, il ait été nommé pour ses propres mérites. Le scrutin de liste, c'est un vent qui souffle. On est mis en avant par un comité ou on ne l'est pas. Dans la dernière hypothèse, chances nulles. Le résultat, dans la première, se subordonne au degré de cohésion des partis et aux fluctuations des masses. Non-seulement il est commun que des candidats ayant des droits réels ne figurent sur aucune liste, mais, étant inscrits sur l'une d'elles, ils peuvent être primés par les infimes d'une liste opposée. En somme, le suffrage départemental est mortel aux capacités, qu'il n'admet guère sans que déjà elles aient crédit, que souvent il répudie, que toujours il stérilise.

Citons des exemples plus significatifs à cet égard que des remarques abstraites. Si l'on consulte dans chaque département la statistique électorale, il est facile de se convaincre que beaucoup de savants adonnés à l'étude attentive de nos institutions ont été systématiquement exclus de l'une et l'autre liste, que d'autres non moins aptes ont succombé avec leur groupe, et que les trois quarts et demi des choix ont porté sur des personnes qu'aucune qualité exceptionnelle ne désignait pour cet honneur. Un fait inouï, qui s'est produit dans le département de l'Eure, atteste notamment le vice du système. Trois noms en 1848 s'imposaient à la population : Dupont (de l'Eure), Legendre, Picard, qui, depuis plusieurs années, s'était théoriquement et pratiquement très-préoccupé des réformes. A ces noms, une sorte de conciliation en adjoignit huit autres appartenant à des citoyens honnêtes, de bon vouloir au moins, sinon de savoir spécial. Aucun n'avait démérité. Cependant, en 1849, tous furent sacrifiés. L'illustre Dupont (de l'Eure), le glorieux vétéran de nos assemblées, l'homme juste, modéré, bon par excellence, n'échappa point à l'ostracisme. Stimulée par la perfidie bonapartiste, la réaction monarchico-cléricale avait fait son œuvre. Sur la surface entière d'un département on est sans défense contre des traits lancés dans l'ombre. En eût-il été, en serait-il de même avec le scrutin uninominal? Évidemment non. La calomnie, les faux bruits, les menées sourdes, les paradoxes n'auraient pu ou ne pourraient naître sans aussitôt être dévoilés, prévenus ou mis à néant par les candidats ou leurs amis. L'entente s'opérant ainsi partout sur les principes, les hommes et les choses, on ne serait plus exposé à ces revirements sur lesquels la conspiration spécule, qui la fomentent et livrent le monde à de perpétuels bouleversements.

On s'étonne, en vérité, que les vices radicaux du vote départemental n'aient point été entrevus d'abord, et qu'on persiste opiniâtrément à les méconnaître. La raison alléguée dès l'origine n'est pas la seule. Nous ne nions pas non plus que les progrès sensibles des candidatures républicaines ne soient de nature à entretenir l'illusion. Mais il y a de cet aveuglement une cause plus puissante, difficile à saisir, délicate à révéler, car elle a sa source voilée dans l'amour-propre. Chacun se croit un peu médecin. En politique, ce petit travers n'est pas moins fréquent. La constitution des États, leurs rapports, leur équilibre, le maniement du gouvernement, le jeu des institutions, tout cela constitue une science des plus ardues et des plus complexes. C'est merveille, cependant, où l'on se trouve, d'en entendre parler avec une pleine assurance. Dans cette croisade des partis et des opinions, les femmes ne sont pas les moins ardentes à affirmer et à défendre ce qu'on ose appeler des convictions. Par suite de cette disposition, on attribue volontiers à ceux que leur position ou des connaissances quelconques élèvent au-dessus des autres, l'aptitude nécessaire pour traiter les grands intérêts du pays. Eux-mêmes souvent, sans en avoir appris un traître mot, partagent la présomption commune.

L'adoption du scrutin de liste s'explique ainsi naturellement. Quand éclata la révolution de février, sous la prévention contre les influences de clocher, fausse, nous l'avons vu (car la corruption tenait non à l'infimité des colléges, mais au caractère censitaire et au nombre insignifiant des électeurs), on fut porté comme d'instinct à concentrer les votes au département. Le mouvement, d'autre part, avait fait surgir, à Paris et en province, beaucoup d'hommes déjà en évidence, et dont la consécration découlait des circonstances mêmes. Ne doutant pas que leur nom seul dût illuminer les consciences, que leur dévouement patriotique ne leur valût l'adhésion générale, n'ayant qu'à acquiescer à la désignation, se sentant affranchis de l'obligation de descendre directement dans l'arène, quelques-uns même — sans être démocrate on n'en est pas moins homme — pouvant craindre de rencontrer dans un rayon circonscrit une concurrence importune, confiants aussi dans leur propre-mérite, ils ne songèrent pas plus à se poser le problème du meilleur mode de suffrage que celui de leur compétence pour la députation. Le scrutin de liste acquit immédiatement à leurs yeux le rang d'un axiome. Les résultats ont démontré quelles déceptions on s'était préparées. Ils n'ont pourtant suscité aucune conversion, et loin de remonter au principe du mal, on continue à s'en prendre à l'insuffisance populaire, aux violences rétrogrades !

Hercule veut qu'on se remue. Comme le Phaéton de la Fable, nos conducteurs républicains se contentent de gourmander l'attelage, comptant sur des événements providentiels pour dégager le char de l'État des fondrières où il périclite. Ce mortier qui le retient, ces blocs de terre qui menacent de le briser, ce sont les rouages défectueux du mécanisme électoral. Mettre à nu ce mécanisme vicieux, indiquer les moyens de le remplacer ou de le réformer, et, s'il s'y rencontre des obstacles insurmontables, combiner un plan sûr et rationnel pour en améliorer le fonctionnement en illuminant les consciences et stimulant le zèle des citoyens ; là devrait se concentrer l'effort principal, la méditation de ceux qui ont quelque sentiment d'une politique réellement pratique et féconde. Hélas! on s'endort là-dessus.

Ce quiétisme fatal se trahit par une thèse et une conduite également suspectes. Les théoriciens du scrutin de liste insinuent volontiers que dans le choix des candidats les principes doivent l'emporter sur les hommes. Ils justifient ainsi leur préférence pour le vote départemental, où, acceptant de confiance les noms qui leur sont propres, les électeurs n'ont qu'à se prononcer sur un certain nombre de points plus ou moins exactement définis, tandis que, dans les petits colléges, le contact réitéré des compétiteurs au sein des populations rend prédominantes les influences personnelles. Cette doctrine, on le voit, ouvre un terrain commode aux gens désignés par avance aux comités et aux délégations. Elle dispense de toute étude sérieuse, de tous frais de déplacement et d'éloquence. Une circulaire banalement déclamatoire leur tient lieu de connaissances positives publiquement démontrées. Surexcitée par cette douce situation, leur estime de soi grandit à ce point, surtout chez les mieux posés, qu'ils croiraient déroger de se rendre dans les réunions publiques. Leur demander des explications, les contraindre à des engagements, c'est les humilier. « On les connaît ; on les a vus à l'œuvre ; ce qu'ils pensent, ce qu'ils veulent, aucun ne doit l'ignorer. Que pourraient-ils dire qui ne soit su de tous ? »

Nous avons déjà fait justice de cette fantasmagorie. D'abord, de quels principes parle-t-on ? Suffit-il de se proclamer républicain pour l'être en réalité ? Un nom est-il toujours une chose ? Que serait une forme de gouvernement sans des institutions qui la consacrent et la fécondent ? Comment, contestée ou attaquée, l'affirmer ou la défendre utilement ?

Un vote isolé vaut-il une parole autorisée qui en entraîne des centaines? Si l'on interrogeait les meilleurs, sur combien de questions fondamentales ne les surprendrait-on pas en défaut? Aucune, par exemple, ne prime en intérêt celle qui consisterait à déterminer le rang qu'occupe la France dans la civilisation, et les indications qui en découlent. Est-il seulement, dans l'assemblée actuelle, dix membres en état de la résoudre nettement? A tous les points de vue, une seconde chambre serait un anachronisme flagrant et dangereux. Le projet, cependant, va se produire, et il laisse indécis et désarmés les démocrates les plus fermes. On ne les pousserait pas loin sans se convaincre que, sur une foule d'autres points essentiels, sur le crédit, sur l'impôt, l'éducation, l'enseignement supérieur, la mutualité, l'assistance, les réformes agricoles, industrielles, etc., la plupart n'ont, en guise de convictions arrêtées, que des aspirations généreuses.

On voit donc à quoi se réduisent les fameux principes : c'est un mythe. Abstraits, les principes n'ont de virtualité que dans une incarnation consciente. Or, s'ils ont chance d'être compris, étendus, épousés, précisément c'est par le scrutin uninominal qu'elle leur est garantie. Quel spectacle aujourd'hui! Malgré ses échecs répétés, plus audacieuse que jamais, la monarchie, après s'être dissimulée sous des épithètes mensongères, s'apprête à déployer son étendard. Elle compte bien le faire sitôt que, par ses bonnes lois en perspective, elle aura mutilé le suffrage universel, ruiné toutes les libertés et suffisamment épaissi l'ombre propice à ses projets. Où en sont, dans ce péril imminent, ceux qui affichaient le plus hautement leur foi républicaine? Quelle est leur attitude en face de menées inouïes? Creusent-ils du moins dans ses profondeurs le problème de la souveraineté individuelle, pour en faire ressortir tout ce que la monarchie recèle d'oppression et d'injustice? Ils s'effacent; ils font de la tactique.

Au lieu d'opposer énergiquement le droit à de malfaisantes volontés, ils s'énervent en compromis, avec ces tièdes dangereux qui ne placent point la république au-dessus du suffrage universel, qui admettent, phénoménale hérésie, que tout-puissant momentanément, ce suffrage se détruise lui-même; qui, enfin, optent pour le régime républicain par ce seul motif que la multiple compétition des prétendants leur semble un obstacle au rétablissement de la royauté.

Nous répugnons aux cris d'énergumène. Mais quand on a pour soi le solide terrain de la vérité, nous déplorons qu'on le déserte. Qu'est-ce que cette stratégie, sinon une prime aux machinations? Les factions clérico-monarchiques ne les ont pas épargnées au pays depuis trois ans. Pense-t-on les arrêter en se bornant à constater les expressions de l'opinion publique? La république se dresse imprescriptible, avec son niveau irréfragable d'égalité tutélaire. Elle puise sa force dans sa légitimité exclusive. Ce patrimoine commun devrait être cher à tous. Il n'est pas un lieu, pas une heure où quiconque dans la démocratie tient une plume ou use de la parole, ne doive considérer comme un étroit devoir de rendre ce grand intérêt irrécusable, même pour les aveugles qui, le niant, courent à la honte et au suicide. Parmi toutes les propriétés, qui comptent des défenseurs si féroces, en est-il une moralement supérieure à la souveraineté individuelle? Elle constitue l'essence, la dignité même du citoyen. S'arroger le pouvoir d'y porter atteinte, c'est menacer toutes les autres, la vie comprise. Sous la monarchie, les plus éminents ne sont que des esclaves en titre. On ne saurait dès lors abandonner bénévolement une prérogative sans laquelle l'homme disparaît, aux éventualités d'un suffrage mobile, à la surprise des coups d'État ou à la perfidie de certaines légalités.

Quant à l'éducation politique de la nation, il serait difficile de jauger d'une manière exacte le degré de son avancement. Très-peu ont un aperçu des questions les plus importantes. Maints esprits cultivés seraient bien en peine s'ils étaient mis en demeure d'établir la différence entre *monarchie* et *république*. La supériorité de cette dernière ne se révèle aux masses que comme une intuition confuse. Ce qui domine dans leurs dispositions, c'est l'instinct, vivement surexcité, à l'heure présente, par les témérités des partis monarchiques et l'alliance suspecte du clergé et de la noblesse. Une force aussi peu éclairée ne mérite évidemment qu'une confiance relative. Courants imprévus, liberté étouffée, corruption, intimidation, que de causes capables de la détourner du but ou de la paralyser !

On s'est donc leurré d'un espoir vain en s'imaginant, par le scrutin de liste, rendre immédiatement sensible le contraste du passé et de l'avenir. On n'a réussi qu'à remplacer l'obscurité par une pénombre où la population oscille, indécise et fluctuante. Le résultat montre à quels dangers les préventions exposent. Par contre, si l'on se reporte aux développements dont le scrutin dans de petites circonscriptions a été l'objet précédemment, on reconnaîtra que, parmi ses vertus essentielles, celle qu'on lui a si gratuitement déniée brille au premier rang. Ce mode, en effet, assure, en même temps que le succès des meilleurs choix, la victoire incontestée des principes. Qu'on se représente la lutte ardente d'une dizaine de compétiteurs au sein d'une population en fièvre électorale. Sur quoi auraient-ils d'abord à s'expliquer, si ce n'est sur la forme du gouvernement, sur les grandes institutions du pays, sur toutes les améliorations sociales ? La première question n'entraînerait point de longs débats. Percée à jour, la monarchie apparaîtrait incontinent dans sa nudité hideuse, alors qu'en regard se dérouleraient les splendides perspectives de la république. Ce nom vénéré sortirait de toutes les bouches. Sur une foule des autres pro-

blèmes, combien de lumières jailliraient encore d'une controverse animée et sincère ! Il en naîtrait nécessairement des
solutions précieuses qui s'imposeraient aux moins clair-
voyants. C'est un dédain bien mal justifié que celui de nos
coryphées pour les communications populaires. Quelle part
heureuse ils pourraient y prendre ! Que de profit n'en re-
cueilleraient-ils pas eux-mêmes ! Socrate et Jésus, qui les
valaient certes, aimaient à semer leurs enseignements parmi
le peuple.

Quand, le 7 mars 1848, au petit Luxembourg, nous tirions
avec tant d'amertume l'horoscope du scrutin de liste, cette
douloureuse prévision ne nous avait point été suggérée par
des appréhensions vaines. En ne négligeant depuis aucune
occasion utile de pousser énergiquement le même cri d'a-
larme, surtout en 1849, après le 4 septembre 1870 et en février 1871, notre conviction s'était fortifiée de l'expérience.
La triste légende de ces trois dernières années n'est pas,
hélas ! de nature à l'affaiblir. On dirait que, mot à mot, la
Providence se soit plu à vérifier nos pronostics. Nous n'avons
jamais hésité un moment: Dès qu'il se fut agi du suffrage
universel, il n'est point entré dans notre pensée que des gens,
réfléchis en somme, pussent s'arrêter au mode vicieux du
vote par liste départementale.

Le scrutin uninominal dans de petites circonscriptions
nous a paru, au contraire, immédiatement simple, équitable,
efficace. Ceux-là, nous l'espérons, en jugeront de même qui
voudront bien lire avec attention les considérations qui pré-
cèdent. Ils s'étonneront comme nous de la faiblesse des objections opposées à un système qui répond si parfaitement
au but. Tous les avantages désirables, il les réalise. Nous
ne sachons pas que, jusqu'à présent, on en ait signalé aucun
inconvénient discutable. On mène la France à l'abîme. Peut-
être en est-il temps encore. En grande majorité, nous aimons

à le croire, ses membres sont animés d'un patriotisme sincère. Que chacun d'eux, sans parti pris, et en défiance d'une
presse stipendiée qui les enfièvre, cède au besoin de se re-
cueillir avant d'encourir la responsabilité de la détermination la plus grave.

VIII

Il n'y a point d'illusion à se faire. L'ère de la monarchie est
chez nous virtuellement achevée. Tant bien que mal, le régime
de juillet aurait pu se soutenir si, trop préoccupé de se con-
server et croyant que, pour cela, il lui suffisait de piétiner à
égale distance de la guerre et du cléricalisme, Louis-Philippe
eût pris moins ombrage de l'avenir, dont, pas plus que du
passé et du présent, les indications ne doivent être négligées.
Bonaparte était condamné par son origine et ses crimes. A
sa place, toutefois, un génie, un beau joueur eût vraisemblablement conquis une assise. Il n'a eu que l'audace du bandit.
Logiquement, il eût dû, se réclamant du peuple, s'associer
carrément au courant démocratique. Maître du terrain, il
lui fallait, sans délai, appeler les citoyens à des élections
libres, vider les geôles politiques, s'interdire les proscriptions, contenir la presse sans violer ses prérogatives; comme
preuve de bon vouloir et de conciliation, proposer aux mé-
ditations de tous un magnifique programme de réformes sociales. Sous le coup de l'abasourdissement, le succès n'était
guère douteux. La marche, du moins, devenait plus facile.
L'irritation eût atteint de moindres proportions. On n'en eût
point été réduit à ces soubresauts violents qui ont fait du
règne une galère. Mais de pareilles conceptions ne sauraient
germer dans une organisation monstrueusement instinctive.

Messieurs de Chambord et d'Orléans se flatteraient en vain
d'une meilleure destinée. Depuis trois ans qu'ils souffrent

qu'on agite le pays en leur nom, ils n'ont pas positivement amassé un trésor de sympathie. On sent trop que cette revendication, *per fas et nefas*, de droits outrageants a eu sa large part d'influence dans nos malheurs publics. Chacun se demande à quels titres, en présence de tant d'hommes supérieurs, ces personnalités, qui ne perdraient rien à se tenir dans l'ombre, se posent effrontément en sauveurs et ne craignent pas, sous ce déshonorant prétexte, de fomenter parmi nous la haine et les discordes.

A quoi, d'ailleurs, pensent-ils aboutir ? Leur ignorance est leur seule excuse. Si, moins asservis à leur grossier objectif, ils connaissaient l'époque et ses besoins, ils s'effrayeraient de leur faiblesse. Coups d'État, coups de légalité ni ne résolvent les problèmes, ni ne détruisent les aspirations. Leur produit direct ou ultérieur, c'est, pour la société, un surcroît d'oppression, de crimes et de conflits. Il fut une période, après l'élection du 8 février 1871, où la majorité, fière d'une origine qu'elle renie aujourd'hui, exaltait le suffrage universel. On pouvait prévoir dès lors que ce culte serait éphémère. Raisonnant dans l'hypothèse d'une restauration bourbonienne, et énumérant les obstacles insurmontables contre lesquels aurait à lutter le nouveau pouvoir, fût-il de la seconde branche, nous le montrions déjà, par une succession rapide d'expédients et de répressions désespérées, courant à une chute rapide et inévitable.

Ces pages ont reçu des événements une haute signification. Si l'aveuglement systématique n'était incurable, nous prendrions la liberté d'en recommander la méditation à ceux qui se placent avec tant d'étourderie en travers de notre marche ascensionnelle vers le progrès. Hélas ! ils n'ont pas même attendu le relèvement du trône pour s'engager dans la voie sinistre dont nous avons marqué les étapes. Il y a chez nous une si profonde horreur de la monarchie, que, n'ayant pu profiter du moment le plus propice pour rétablir cette forme surannée de gouvernement, ses séides ont recours, pour nous l'imposer, aux procédés excessifs que son maintien eût nécessités. Jamais ne s'est vue pareille débauche autoritaire. L'état de siége en permanence n'en est que le moindre aspect ; nos droits les plus sacrés, nos libertés les plus précieuses, sont compromis par une foule de lois d'exception qu'aggrave un arbitraire sans mesure.

Ce régime deviendrait intolérable s'il n'était permis d'en entrevoir le terme. En s'éternisant sous la royauté, que serait-ce ? Le monarque, bon enfant — ainsi calculent certains Épiménides — bâtira son petit château en Espagne. Jaloux de faire le bonheur de ses sujets, il se montrera doux, clément, équitable pour tous. En fait et en principe, il atténuera graduellement ce qu'ont d'illibéral les lois et les institutions. Voilà le rêve ; où la réalité ? S'il n'avait sa raison-d'être : assurer par le despotisme le maintien des abus et des priviléges, qui eût songé à la monarchie ? Eût-il les meilleures intentions, il appartient à un système absolument hostile aux intérêts et aux vœux de la nation. Sa direction serait forcée. Point de transaction possible entre un maître qui veut des sujets et des citoyens qui s'honorent d'être souverains. Foncière au début, l'incompatibilité s'accentuerait nécessairement en proportion de la lassitude du joug. Le roi ne pourrait désarmer. Il serait débordé bientôt s'il se relâchait de ses rigueurs ; mais, autre écueil, s'il sévissait, il verrait s'accroître les haines et grandir les oppositions. Les résistances et l'agression prendraient toutes les formes : affiliations secrètes, publications clandestines, conspirations même par le silence, démonstrations méprisantes, émeutes, incendies, tentatives de régicide. Il lui faudrait punir et punir encore. Ses suspicions feraient pénétrer l'inquisition au sein des familles pétrifiées. Chaque condamnation provoquerait des colères et des vengeances, non plus dans les grands centres seulement, mais jusque dans les moindres villages, où le sentiment du droit compte de nombreux prosélytes. Il serait voué ainsi à une perpétuité de luttes renaissantes, à des poursuites, à des jugements, à des emprisonnements, à des fusillades, à des proscriptions, à des déportations, jusqu'à ce que son trône s'effondrât lui-même dans la boue et le sang : péripéties et dénoûment également inévitables, à moins que la logique ne soit exclue des choses de ce monde.

Pour qui s'applique à débrouiller la situation, la perspective n'est pas engageante. La royauté, dont on s'évertue à relever l'auréole, moins qu'on ne pense est en cause. Au-dessus passe la question. L'oint du Seigneur a disparu. Un monarque n'est plus pour ses partisans en France qu'un drapeau propre à rallier les adversaires du progrès, qu'un bouclier sous lequel puissent s'abriter leurs intérêts égoïstes et aveugles, qu'une digue destinée à les préserver du flot envahissant de la démocratie. La nation, ne le dissimulons pas, entre dans une phase aiguë, probablement suprême, du duel gigantesque engagé depuis plusieurs siècles. On a raté l'heure des solutions pacifiques. Le vieux monde, galvanisé par nos désastres, plus encore par nos fautes, a repris ses positions. Sa hardiesse ne mesure plus les obstacles. Il a réuni toutes ses forces, et, abandonnant une défensive louvoyante, il s'apprête à donner l'assaut à la civilisation. Satan combat de nouveau contre Christ. On peut, si ce combat impie a lieu, s'attendre à quelque chose de terrible. Un miracle seul pourrait aujourd'hui l'empêcher. Ont-ils néanmoins, ces frères ennemis, dédaigneux de la main qui leur était libéralement offerte, calculé l'issue définitive ? Le nombre se décime, on ne le supprime pas. Il se régénère, couvant la vengeance. De là la nécessité de victoires périodiques. Mais ces victoires ne sont pas de celles dont on s'honore. Bientôt elles offensent les tièdes, rendent tièdes les résolus, et lassent l'armée elle-même. Ne craignent-ils donc pas, les imprudents, si éloignés des sentiments chrétiens à l'égard de leurs semblables, d'avoir leur jour de défaite, et, après avoir fait succéder les hécatombes aux hécatombes, d'être exterminés à leur tour dans l'ivresse de la colère ?

L'Assemblée se fourvoie et nous perd. Elle poursuit, dans des complications dangereuses, un but antipode à celui que la logique lui désigne auprès d'elle. La France touche à la terre promise; elle la mène à Pékin à travers les steppes et les montagnes de l'Asie. La vérité, plus simple, répugne aux expédients qui, si ingénieux qu'ils soient, sont toujours des anomalies et engendrent des difficultés dont il fautse tirer de nouveau et sans cesse. En se répétant, les expédients s'usent. Privé de base régulière, le gouvernement perd autorité et force.

Au fond, dans l'Assemblée, il n'est guère de membres qui n'aient un secret pressentiment de ces éventualités, dont la conscience ne s'en inquiète et qui n'en soient venus à se roidir contre cet avertissement. Leurs atermoiements le prouvent. Pourquoi jouer un si gros jeu ? César a prononcé cette fière parole : « Plutôt le premier dans une bourgade que le second à Rome. » En admettant que leur frêle édifice se soutienne, savent-ils si, d'égaux devenus valets, ils auront gagné au change ? Le camp opposé voit les choses d'un autre œil; aurait-il des intérêts différents ?

Non. Mais les biens que recèle la république sont patents, et quiconque juge froidement n'aperçoit de nuages à l'horizon que ceux qu'y accumule bénévolement l'agitation royaliste. Nous avons expliqué la cause de nos malheurs et le mot qui pourrait encore les prévenir. Qu'y aurait-il à faire ? Moins que rien : au scrutin de liste départemental substituer le scrutin individuel *uninominal*, dans des circonscriptions, en moyenne, de trois à quatre cantons.

IX

L'Assemblée, numériquement égale, resterait ce qu'elle est, unique dépositaire des droits du souverain, inaliénables et incompromissibles. Il n'y aurait à régler loyalement que la durée raisonnable du mandat. Quoi de plus naturel, de plus juste? L'ordre ne produit point le désordre. Du plus loin que le regard plonge dans l'avenir, on assiste uniquement au spectacle de l'évolution pacifique des destinées humaines. Récapitulons ces avantages.

En essence, la république est la forme type du gouvernement. Ni premier ni dernier. Tous jouissent de la liberté dans la plus ample mesure, sont aptes aux fonctions publiques, confiées à ceux que la nation en juge dignes par leur talent, leur probité et leur expérience. Point de priviléges à conquérir, à détenir, à défendre. D'une part, excitation aux propensions généreuses; de l'autre, neutralisation à la source des passions malsaines : partant moralité générale développée dans des proportions splendides. Dans l'impuissance de nier cet idéal, on a objecté son incompatibilité avec notre nature inférieure. Ce serait déjà son éloge. Mais l'application n'est pas nouvelle. La république existe. Les États qui la possèdent sont les plus prospères du monde, et les bienfaits considérables que nous lui devons nous-mêmes auraient des limites bien plus étendues si ses adversaires n'opposaient tant d'aveugles efforts à son établissement. Les infirmités d'un peuple rendent d'ailleurs d'autant plus impérieuse la perfection de ses lois. UN CODE SERAIT SUPERFLU POUR DES ANGES !

On s'illusionne sur les deux chambres. L'*à priori* réprouve cette division d'un même pouvoir. C'est, en créant des centres d'intérêts antagonistes, courir au-devant des conflits inévitables, et se détourner du but, qui consiste à former l'unité de la pensée et des aspirations nationales. Envisagée de ce point de vue, l'histoire des chambres hautes offrirait des enseignements curieux. Dans les républiques fédérées, le moindre de leurs inconvénients est d'avoir été inutiles. Sous la monarchie, sauf de rares exceptions, leur influence n'a jamais été que nuisible aux progrès de la civilisation, soit qu'elles aient aidé le roi dans sa résistance aux vœux les plus légitimes, ou même qu'elles lui aient fait obstacle dans ses velléités libérales. L'Angleterre a joui d'une prospérité exceptionnelle. Sans l'égoïsme de ses lords, quel sommet n'eût-elle pas atteint ? On étonnerait peut-être certains diplomates, si on leur démontrait que nos propres désastres ont eu pour première origine la triple complicité de Napoléon III, de Bismarck et des SEIGNEURIES prussiennes.

Il fut un moment où le parlement de Berlin sympathisait avec la démocratie française. Si le ministre de Guillaume le traita avec tant d'insolence et finit par obtenir sa dissolution, il y fut énergiquement encouragé et par les ombrages de notre empereur et par l'attitude hautaine de la chambre des nobles. Le militarisme domina, la confédération fut envahie, l'Autriche vaincue, et Sadowa nous valut Sedan. En France, la suprématie antiégalitaire des classes dirigeantes n'est-elle pas le mobile déclaré des plus chauds partisans du dualisme législatif ? Lamartine, doué d'une puissance d'aperception si merveilleuse, ne s'y était pas trompé. A ses yeux, le système des deux chambres était à la fois anormal et dangereux : « Un poids, dit-il, toujours l'emporte dans cette soi-disant balance. » (*Les Girondins*, t. I, p. 441.)

Le conseil des Anciens devrait nous être une leçon. Il fut plutôt complice que victime du 18 brumaire. Dans les deux situations il y a une analogie évidente. Le septennat et la chambre haute sont de grands accrocs aux principes. Celle-

ci aurait particulièrement pour nous un déplorable corol-
laire : la réduction considérable du nombre des députés.
La représentation nationale subirait ainsi une double atteinte, et dans la souveraineté de son mandat et dans la
proportion insuffisante de ses membres. Mais les garanties
offertes au talent et à la vie électorale seraient elles-mêmes
très-amoindries, en raison de l'étendue des circonscriptions.

En projetant d'altérer à ce point les conditions de notre
existence actuelle, l'Assemblée nous paraît tenir trop peu de
compte des devoirs de son origine. Entre ce point de départ
et le terme où elle nous a conduits, l'écart est vraiment immense. Par sa déclaration de guerre, elle a scindé le pays
en deux camps. Tout combat implique des vainqueurs et des
vaincus concentrés par l'humiliation. Combien n'eût-elle
pas été plus sagement inspirée, proposant l'olivier de paix,
de s'en tenir à la petite modification du scrutin dont nous
avons démontré la parfaite convenance.

Ipso facto, la constitution était parachevée sans que personne fût fondé à se plaindre. Le pouvoir conservant son unité
logique, il n'était plus question de cette pierre d'achoppement
dite *seconde chambre*, non moins incoordonnable dans sa
composition que dans ses attributions, et dont l'action
nocive échappe au calcul. D'autre part, plus de motifs à
cette épuration équivoque du suffrage universel à laquelle
gouvernement et commissions travaillent avec une ardeur si
fiévreuse, et qui, grosse de dissensions, ne peut que sus-
citer, dans un avenir prochain, des revendications fâcheuses.
Les chicanailleries byzantines relatives à l'âge, au domicile
et à certaines capacités des électeurs ne perdraient pas moins
leur objet. D'abord, et c'est une remarque capitale que nous
réitérons instamment, le vote dans nos petites circonscriptions contient des éléments essentiels d'ordre, de justice et

de pacification. Sur les principes comme sur les bases se-
condaires, complet accord. Aucune candidature n'oserait se
réclamer de la monarchie. Le mérite respectif des compétiteurs servirait exclusivement de critérium à la détermination des suffrages. Le moindre citoyen mis à portée de juger
directement, il n'y aurait plus d'influence illégitime, et ceux-
là même qui passent pour adversaires, prêtres et nobles, s'in-
clineraient devant l'évidence. Quelle que fût la population
d'un collége électoral (de dix ou de quinze mille inscrits),
les votes étant pleinement libres, le résultat ne varierait pas.
On conçoit dès lors la puérilité du retranchement mauvais
qu'on médite, s'il n'était un indice d'impérieuse défiance et
le viol d'un droit dont la morale commanderait de protéger
l'exercice.

S'ensuit-il l'ostracisme des classes dirigeantes? Coopérant
au bienfait, elles en bénéficieraient les premières. Au lieu
de croupir dans une superbe inertie, et d'attendre ou de
leur naissance ou de leurs richesses promotions et titres,
elles s'efforceraient de rivaliser d'émulation et de dévouement avec les meilleurs, de s'élever au niveau des hautes
fonctions, ou, ce qui ne serait pas moins glorieux ni moins
fécond, d'imprimer l'essor à ces entreprises scientifiques,
agricoles et industrielles dont le développement profite également aux intérêts généraux et particuliers. Cette méta-
morphose, certes, n'affaiblirait pas le lustre des familles. En
tout cas, devenus bienfaiteurs de l'humanité, ceux qui sui-
vraient cette voie ne seraient pas payés d'ingratitude. Des siècles
passeront avant que soit épuisé le champ des exploitations
utiles.

Comme s'il résumait en soi la perfection, le scrutin uninominal par petites circonscriptions aurait encore, nous l'avons
dit, pour conséquence implicite l'affranchissement des communes, c'est-à-dire la suppression d'un antagonisme sécu-

laire et la consolidation définitive des assises sociales. On sait ce qu'on a fait et ce que l'on tente. Ceci nous remet en mémoire les *infiniment petits* de notre immortel chansoñnier : une bonne petite loi pour de bons petits sujets bien dociles et soumis. *Sursum corda!* messieurs nos élus. Par une étude persévérante et des desseins dignes de l'époque, sortant d'une sphère mesquine, élevez-vous à la hauteur des grands destins. Serait-ce vainement que, grâce à la science, Dieu nous aurait conviés à la conquête du globe, en nous armant du gaz, de la vapeur, de l'électricité, de la photographie et de tant d'autres leviers puissants? La papauté vient de prononcer son ultimatum. Incapable de diriger le genre humain, elle ne craint pas de lui lancer l'anathème et de lui déclarer la guerre, en rébellion manifeste contre celui qu'elle prétend représenter. Elle court, tête baissée, à la déchéance. Vous laisserez-vous entraîner dans son vertige?

Quel contraste entre les merveilles qui s'accompliraient et l'œuvre d'émasculation que révèle votre projet d'organisation municipale ! De ce côté l'asphyxie, de l'autre le souffle viril. L'animation survivrait aux périodes électorales. Par la fréquence de leur commerce, mandataires et électeurs arriveraient à une prompte identification de vues et d'efforts. Sur tous les points d'un sol préparé naîtrait une foule d'initiateurs qui, intermédiaires de cette communication, propageraient les connaissances et susciteraient les améliorations. Il n'y aurait pas une question importante d'intérêt général ou local qui ne fût mûrement délibérée, pas une innovation pratique ou une entreprise raisonnable qui n'eût chance d'aboutir à une réalisation. L'ébullition surgirait jusque dans les moindres villages. Car chacun, le droit de réunion s'exerçant dans sa plénitude, désormais affranchi d'une réglementation vexatoire, aurait sa tribune libre, ouverte à tous sans distinction. D'où qu'il vînt, d'un citoyen

vieux ou jeune, d'un vétéran de la localité ou d'un habitant
de la veille, d'un originaire du pays ou d'un assistant étranger, tout avis judicieux serait accueilli avec reconnaissance
Si deux opinions valent mieux qu'une, *à fortiori* un grand
nombre : *vox populi, vox Dei.*

De cette cime, les conseils municipaux apparaissent souve-
rainement insignifiants. On sourit de la peur qu'ils causent
aux gouvernants, du souci étrange que prennent ceux-ci
d'en trier les éléments, d'en resserrer les attributions et d'en
interdire l'entrée pendant cinq ans, même aux capacités, qui
peuvent n'être jamais élues. Cette institution s'évanouirait
fatalement dans le mouvement général. En présence d'une
population entière délibérant incessamment sur des sujets
graves, quelle mine piteuse feraient, dans leurs maigres
séances trimestrielles, quelques conseillers municipaux,
agents actifs dans le tout! Que pourraient-ils refléter, sinon
les volontés communes? Çà et là, certains essais le dé-
montrent, le sol, dans l'endroit le plus minime, recèle des
richesses considérables. On s'explique que, jusqu'à nos
jours, on les y ait laissées enfouies. Le moment est venu
de les en faire jaillir et de les féconder au profit et par le
concours de tous. Ce sera l'œuvre des communes, mises en
pleine possession de leurs franchises par le seul mode de
suffrage universel que la logique avoue.

Trop de gens confondent l'ordre avec l'immobilité. Que
devant vous défile ou un bataillon silencieux ou un pension-
nat à traits compassés, on s'émerveille de cette discipline.
Mais l'homme est né pour agir. La vivacité est sa loi. Dans
cette tenue qu'on admire il n'y a souvent que du mécanisme,
de l'inertie, de l'habitude. Les peuples n'ont jamais cessé de
vivre dans cet ilotisme, qui ne les a sauvés ni des infirmités
ni de la misère. Réfractaires ignorants, ils n'ont que dans
une mesure restreinte bénéficié des progrès et des applic

tions de la science. Le seigneur se tient à l'écart, le prêtre se contente d'une soumission aveugle. En fait d'assistance et d'éducation populaire, ils en sont encore, sauf d'honorables exceptions, au procédé humiliant de l'aumône et de la routine scolaire. Le développement de l'instruction et de la mutualité suscite leur défiance, si ce n'est leur mauvais vouloir. Ils devraient donner l'impulsion, ils entravent. Parfois même, en proie à la fièvre politique, ils vont semant, dans certains pays, la division et la haine.

Sous l'influence du souffle nouveau, s'opérerait rapidement une transformation salutaire. Les réunions publiques ne pourraient se multiplier sans que les plus indifférents n'y fussent attirés par la curiosité et l'intérêt. Boudât-on d'abord, on voudrait bientôt savoir ce qui s'y est dit et fait. Quand on apprendrait qu'on y traite des questions d'une haute importance, que tout un programme de réformes s'y élabore, que des applications sont étudiées et poursuivies, chacun sentirait le besoin de dire son mot. Les curés et les nobles ne seraient pas les moins empressés. Ils ne seraient pas non plus les derniers séduits par les perspectives que la méditation et les recherches ouvriraient devant eux. Ces aspects inattendus grandiraient leur émulation en les éclairant sur des destinées nouvelles. Le vieil homme disparaîtrait, et comme, en définitive, toute discussion approfondie et sincère aboutit presque forcément à des conclusions uniformes, il s'établirait finalement entre les citoyens une commune manière de penser, un lien étroit de solidarité, une réciprocité d'égards et un zèle égal pour les améliorations.

Désormais la société reposerait sur des bases inébranlables. L'ère des dissensions intestines serait close. Aux conflits violents succéderait la passion du travail fécond, des belles entreprises, des institutions généreuses. Les peuples s'enflammeraient à notre exemple ; de leur sympathique rapprochement naîtrait notre sécurité. Ce serait surtout et immédiatement la revanche, d'autant plus éclatante et complète qu'elle ne coûterait ni sang ni larmes à personne.

A ce mot de revanche, quel cœur ne tressaillirait pas? Or, pour Guillaume, l'imprégnation humanitaire dont ses sujets subiraient la contagion serait la défaite dans le triomphe. Ne fût-ce qu'un rêve (et c'est mieux), l'Assemblée ne saurait être étrangère au soulagement qu'il procure. A quelles obsessions contraires n'obéit-elle pas cependant? Depuis trois ans elle travaille à constituer; elle a nommé commissions sur commissions. Dans la presse, parmi les économistes et les hommes d'État, elle a des collaborateurs d'élite. Pourquoi, après un si long temps et tant d'efforts, n'a-t-elle réussi à produire qu'une œuvre informe?

Le secret de cet avortement se devine. Il lui fallait rechercher le but légitime et les moyens propres à l'atteindre. Elle en avait un arrêté d'avance, et qu'elle a poursuivi sans regarder autour d'elle. Elle n'a compris la pression des circonstances que pour y résister. Le combat simplifiant son rôle, à défaut d'une solution claire et pacifique, elle n'a songé qu'à se forger des armes. En attendant, l'Allemand, oublié, organise un despotisme farouche, et la France, haletante, se débat sous les étreintes d'un système dont les terribles inconnus inspirent l'effroi à ses propres auteurs.

Cette anxiété, en face de complications inextricables, atteste que nos élus sont loin d'être rassurés sur le mérite de leur œuvre. Elle devrait les faire réfléchir. Certes il peut sembler pénible, quand on sent s'être engagé dans une voie fâcheuse, de revenir sur ses pas. Il en coûte à l'amour-propre de se donner un démenti à soi-même, de faillir à des engagements témérairement contractés. Mais il y a moins de honte à modifier sa direction que de courage et de vraie gloire à surmonter une fausse pudeur.

En réalité, d'ailleurs, notre proposition n'impose de sacrifice humiliant à aucun des partis qui divisent la représentation nationale. Jusqu'ici, nous n'avons point scrupule à en faire l'aveu, bien que formulée en maintes occasions, elle n'est pas parvenue à la notoriété. Des journaux l'ont enregistrée; nul d'entre les notables n'y a donné suite, ne l'a prise en considération. Cette sorte de dédain serait-elle présomptive de son caractère utopique? Précisément elle augmenterait, s'il était possible, notre ferme conviction de sa précision et de sa valeur. Trois ans de délibérations incessantes n'ont amené ni entente ni lumières. Les divers suffrages ont fonctionné, jamais on n'a été pleinement satisfait des résultats. On a donc été dans le faux.

D'autre part, du premier au dernier jour, nous n'avons point varié dans notre appréciation des différents systèmes, dont nous avons signalé les vices, les inconvénients, les dangers, mis à nu par l'expérience. Une analyse comparative minutieuse nous a, au contraire, convaincu de plus en plus que, pour les plus exigeants, le nôtre était de nature à satisfaire à toutes les indications. Il se présente aussi vierge à l'Assemblée. S'il exprime la vérité, c'est qu'elle n'est point intégralement dans les autres. Sous ce rapport, il n'a pas seulement droit à l'examen et à l'accueil, il offre aux fractions adverses un terrain de conciliation où elles peuvent se rencontrer honorablement. Aucune n'aurait à abaisser son drapeau; elles céderaient patriotiquement à l'évidence. L'amour du pays n'est pas le monopole de quelques-uns. Quand, sur la surface entière d'un territoire cher à tous, on verrait l'accord remplacer la division, la prospérité surgir de nos ruines réparées, l'égalité, consacrée par le droit, opérer des miracles, le progrès s'accroître sous toutes ses formes, le monde s'incliner devant notre ascendant, l'avenir, en un mot, sourire à toutes nos grandeurs matérielles et morales, qui ne s'honorerait de participer à cette résurrection splendide?

L'effet s'en manifesterait immédiatement par la détente des esprits, le retour de la confiance et la reprise des affaires. Une douce clarté rassérénerait notre horizon politique comme, après un temps orageux, sous les rayons pénétrants du soleil, l'atmosphère reprend sa pureté et sa tiédeur bienfaisantes. En rapport avec une tâche simple, impliquant respect du droit de tous et ne devant dès lors prêter à aucune objection raisonnable, la constitution du texte fondamental n'entraînerait ni difficultés ni retard. Elle se résumerait pour nous dans les clauses suivantes :

Art. 1er. — Une assemblée unique et souveraine de sept cent cinquante membres, élue et renouvelable, tous les deux ans, par le suffrage universel.

Art. 2. — Sont électeurs tous les citoyens âgés de vingt et un ans au moins et jouissant de leurs droits civils.

Art. 3. — Le scrutin, direct et uninominal, aura lieu, pour chaque député, à la majorité absolue des votants, dans une circonscription moyenne de trois ou quatre cantons.

Art. 4. — Le vote est communal. Dans les villes importantes, il sera formé des sections en raison du chiffre des électeurs.

Art. 5. — Néanmoins, au-dessous de mille âmes, les petites communes se réuniront en sections pour voter à la principale du groupe.

Art. 6. — La période électorale s'ouvrira au minimum un mois à l'avance.

CONCLUSION

Pour qui sait envisager la situation, l'avenir, en dehors de ces conditions si nettes et si normales, ne nous présage que troubles et catastrophes. Sincère et moins timoré à l'égard des capacités, Louis-Philippe eût, selon toute vraisemblance, achevé paisiblement son règne. Malgré ses crimes, s'il n'était interdit au pervers d'agir en honnête homme, Bonaparte aurait pu, doublant le chiffre de la députation, fonder la démocratie napoléonienne. Revenir sur des étapes franchies, c'est vouloir que le char, tiré en sens opposé, se brise au milieu des secousses. En avant!! doit être le mot d'ordre de l'Assemblée. Elle s'effraye. La peur n'est point une force; la peur engendre des fantômes et des luttes épuisantes non toujours exemptes de périls. Le mouvement est la loi des sociétés. Il faut, pour en assurer le cours régulier, non le refouler, mais s'y associer et le diriger avec intelligence. Ceci exige capacité, droiture et dévouement. Tout gouvernement qui se pose en combattant montre qu'il est dépourvu des unes et de l'autre. Sa mission serait de réunir, il divise; d'être indistinctement juste et protecteur, il a ses adeptes dont il sert les passions et des parias qu'il accable et persécute; de répandre des germes de moralité, il sème la corruption; de simplifier la législation, il la fausse dans son texte, et dans l'application, non content d'étouffer l'esprit sous la lettre, il élude quelquefois jusqu'à la lettre même.

A pareille conduite les prétextes ne manquent pas. On articule de prétendues nécessités. Mais le mal n'est-il pas produit ou exagéré par les mesures destinées à le vaincre? Si compliqué que soit un imbroglio politique, il y a des joints de conciliation. Les saisir, les utiliser, atteindre le but sans nuire à aucun droit, à aucune liberté, ni enlever un cheveu à une tête innocente, telle, dans les crises sociales, s'impose aux mandataires chargés du sort d'un peuple la tâche à remplir. Les Américains nous en ont donné le mémorable exemple. Couper un nœud est expéditif, le dénouer est mieux. Si, du reste, l'habileté est indipensable au succès, elle trouve dans un grand cœur un auxiliaire puissant. Un vif amour de l'humanité donne du tact et de la clairvoyance. Les trois quarts des obstacles sont aplanis quand, dans la sincérité du langage et le libéralisme des actes, respirent ostensiblement un bon vouloir absolu et une probité inflexible. (1)

Dieu me garde d'un parallèle injurieux! Mais le rapprochement a sa signification. Qui n'admire, chez certains individus, la prodigieuse agilité que communiquent aux organes corporels des exercices méthodiques et soutenus? Ne serait-il pas urgent que, dans la sphère de leurs attributions, les hommes d'État fussent façonnés, par une culture analogue, à la science et aux vertus sociales? On les improvise; parfois il leur suffit de naître. La nation est ainsi exposée à tous les hasards. Le suffrage universel promettait de faire cette éducation précieuse. A un haut degré la confusion persiste dans les idées. Ce suffrage serait-il un mensonge comme a osé l'écrire Pie IX? Nous avons dévoilé le mot de l'énigme. On s'est mépris dans l'application, en de mandant au mode le plus défectueux, au scrutin de liste départemental, qui est

---

1 Aux États-Unis, les messages présidentiels présentent particulièrement ce caractère.

aveuglement et antagonisme, ce que seul pouvait procurer le scrutin uninominal par petites circonscriptions. Maintenant, l'Assemblée est avertie, elle a sous les yeux le chemin du gouffre et celui du port. Désertant l'un, il lui est loisible, en ce moment suprême, de nous conduire à l'autre. A elle d'opter entre le glorieux honneur de notre salut ou la terrible responsabilité de notre ruine.

FIN

PARIS. — IMPRIMERIE DE E. MARTINET, RUE MIGNON, 2